JN013466

「隠れ内向」とつきあう心理学

何でもないことで心が疲れる人のための本

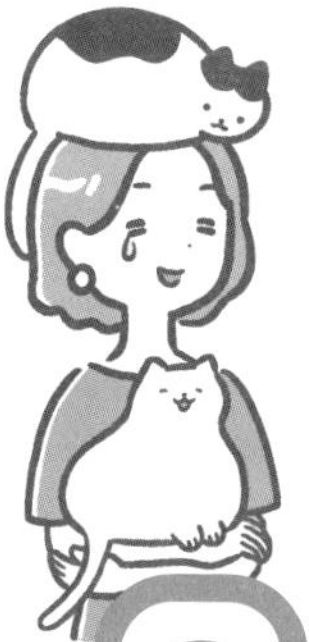

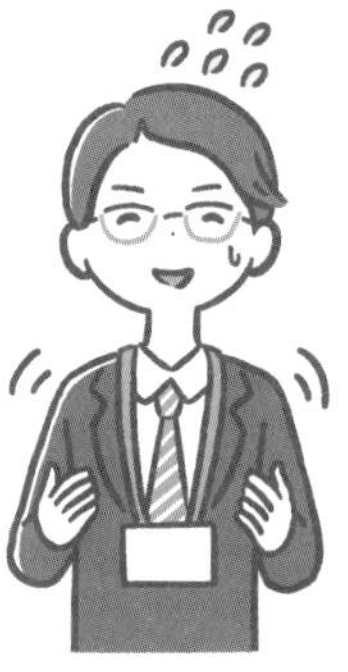

榎本博明

日本経済新聞出版

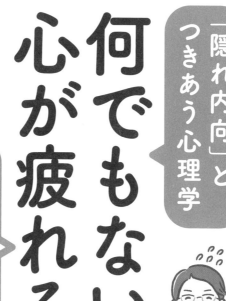

プロローグ　心の疲れはどこから？

仕事帰りに職場の同僚たちと飲みに行くことがあり、そういう場はけっこう楽しんでいるつもりなのに、何となく疲れる。そんなことはありませんか。

最近では、在宅勤務が増え、職場の人たちと食事したり飲みに行ったりすることがなくなりストレスが溜まるという人がいる一方で、そうしたつきあいがなくなってむしろホッとしているという人もいます。

飲み会や懇親会、大勢が集まる社交の場がどうも苦手というのは、よくあることです。初対面の人やよく知らない人が一緒の場では、どんなことを話せばよいのだろう、どんな態度をとるのが無難だろうかなどと迷い、気をつかって疲れるものです。

でも、職場の同僚とか近所の友だちのような気心の知れた仲間との飲み会なら、本来そこまで気をつかうこともなく楽しめるはずです。それなのに、帰り道、ひとりになると、ぐったり疲れ気味の自分がいる。楽しい時を過ごしていたはずなのに、なぜか疲れている。

友だちとの旅行。とてもワクワクするし、一緒の部屋に泊まってずっと話せるのは楽しいのだけど、それが何日か続くと、さすがにちょっと疲れてきて、家に帰りつくとホッとする。

帰り道の電車の中や、深夜寝床に就いたときなどに、昼間の自分の発言を振り返って、「あの人を傷つけたりしなかったかな」『一緒にいても楽しくない』と思われなかったかな」「呆《あき》れられなかったかな」「もっとやさしい言い方をすべきだったな」などと反省したり、後悔し自己嫌悪したり。

そうしたことがあると、自分は友だちにもそんなに気をつかっているのだろうか、もしかしたら人づきあいに疲れるタイプなのだろうか、といった疑問が湧いてきます。

同僚と二人で出張に行くことになり、嫌いな相手ではないし、むしろ気心の知れた人物なのだけど、一日中行動を共にしなければならないと思うと気が重い。

仕事にまだ不慣れな後輩にちょっとしたミスが目立ち、立場上その都度注意しなければならないのだけど、「こんな言い方したら傷つくかな」と言い方に気をつかったり、注意した後も「気分を害してないかな」「落ち込んでないかな」と様子を窺ったたりで、ちょっと注意するだけなのに気が休まらない。

社内の会議とかPTAの集まりとか、みんなで話し合う場では、「何か言わなくては」「会議に貢献しなくては」と思っても、結局何も言わずに終わってしまう。意見がないわけではないし、疑問に思い質問したいことがあったりしても、なかなか発言のタイミングがつかめない。そんな時間が続くため、何も言わないのに気疲れしてしまう。そして、さんざん気をもんだすえに結局何も言わないため、「会議に対して消極的って思われたんじゃないか」「何も考えてないみたいに誤解されちゃったんじゃないか」と自己嫌悪……。

このような疲れには、**「内向的な性向」が絡んでいる**と思われます。

「私は、けっしておとなしい人間じゃないし、友だちとも積極的につきあっているし、職場での人づきあいも悪くない。『内向型』ではないはず」

そう思うかもしれません。

そんなあなたは**「隠れ内向」**である可能性が高いでしょう。実際、一見とても明るく、飲み会などでは場の盛り上げ役として周囲を笑わせている人たちの中に、案外

「隠れ内向」がいたりします。

その場合、周囲の人たちだけでなく、本人自身も、自分が本来は内向型なのだということに気づいていません。

じつは、日本人にはこのような「隠れ内向」が非常に多いのです。

内向型には、人のことをまったく気にせずマイペースで、周囲に合わせず、ある意味わがままに我が道を行くといったタイプもいます。でも、同じく内向型であっても、そこまでマイペースになれず、人に対して感じよく振る舞おうと気をつかい、できるだけ周囲に溶け込もうと頑張るタイプもいます。その場合、気をつかうばかりで疲れてしまいます。

私は、そのようなタイプのことを「隠れ内向」と名づけました。

内向型の人は、子どもの頃から損をすることが多いものです。どんな相手にも積極的に話しかける外向型の子は、すぐに友だちができるし、先生からも気に入られますが、引っ込み思案な内向型の子は、なかなか友だちができず、先生にもなかなか馴染めません。

そこで、有能でモチベーションの高い内向型の子は、そんな自分を変えたいと努力し、あたかも外向型であるかのように積極的に周囲とかかわるようになります。それが「隠れ内向」の始まりです。

でも、**外向型・内向型といった性格は遺伝によって決まっている部分が大きい**ため、どうしても無理があり、疲れてしまうのです。

人づきあいを避けているわけではなく、積極的につきあっているから内向型ではないと思うのだけど、なぜか小さなことで心が疲れる。そうした傾向があれば、「隠れ内向」とみて間違いないでしょう。

その場合、自分自身の心の中にある内向的な性質を自覚したうえで、無理をしすぎないように気をつけたり、ストレスを解消するよう心がけたりする必要がありますが、それ以上に大切なことがあります。それは、**本来の内向型の強みを知り、それを活かすこと**です。

現代社会は、スピードや効率が重視されたり、フットワークの軽さが求められたり、外向型に有利なところがあるため、どうしても内向型の人は気持ちが萎縮しがちです。でも、**内向型にはじつに多くの強みがある**のです。

それを封印したままではあまりにもったいない。たとえば、新型コロナウイルスの感染拡大で在宅勤務が増え、人づきあいの世界を生きてきた社交的な人たちは、「コロナ鬱」などと言われるように大きなストレスに苦しんでいます。でも、人づきあいに気をつかい疲れてしまう内向型は、在宅勤務でとくにストレスを感じないどころか、気づかいから解放され、課題そのものに集中しやすくなり、普段以上に成果をあげることができたりします。

コロナ禍で在宅勤務が増え、ジョブ型への移行もみられ、この状況は内向型にとってはチャンス到来とも言えます。ここはじっくり自分自身の性格と向き合い、その強みを活かすようにすべきでしょう。

そう言われても、内向型にどんな強みがあるんだろうと疑問に思うかもしれません。

そこで、ちょっとしたことで心が疲れてしまう「隠れ内向」の人のために、まずはよくある悩みの原因と対処法を解き明かしたうえで、自分の本来の強みを知り、それを活かすためのヒントを示すことにしました。

自分の日頃の様子や気持ちを思い出しながら、以下の各章を読んでみてください。

多くの自己発見があるはずです。

2021年9月

榎本 博明

目次

第2章

自分の「心の癖」を意識する

- 人の期待を裏切らないように気をつかって反応する
- 部下や後輩になかなかダメ出しできない
- 「行きたくない誘い」を断れない
- 「内向型」なのに、相手の期待に応えようとしてしまう人
- 「自己中心の文化」に対する「間柄の文化」
- 人との会話で疲れてしまう理由
- 「同僚」「友人」相手なのに疲れてしまうしくみ
- 疲れてしまうのは「人の目」が気になるから
- 「対人不安」の強い人・弱い人
- 対人不安が強いと「絆」ができにくい？
- ユングが唱えた外向型・内向型のタイプ論
- 外向型・内向型のチェックテスト
- 内向型はなぜ疲れやすいのか
- 自意識が強い人は、心のエネルギーを消耗する

第3章

その疲れ、もしかして「隠れ内向」？

- 「隠れ内向」の人が増えている
- 飲み会の後に自己嫌悪に苛まれる心理
- 初対面の人との飲み会がおっくうなのは「隠れ内向」？
- 自分から「遊ぼ」と誘える子と、誘えない子
- 子どもの頃から外向型が得をし、内向型が損をする
- おもしろい子が人気の時代
- コミュ力が低いとそれだけで、人として低くみられてしまう？
- 社会的成功のためには外向的に振る舞えと言われる
- 自分は内向型だと思うと引け目を感じる
- ひとりでエネルギー補給していると「ぼっち」と蔑まれる
- SNSが「ぼっち恐怖」を助長する
- 内向型は場所によって別人になってしまいがち
- 飲み会で周囲が引くほどはしゃぐ人は、じつは内向型？
- 現代は内向型の価値が軽視されている
- 内向型は恥ずかしいことじゃない

第4章

HSPの多くは内向型

- 繊細さに悩むHSP
- 4人に1人が子どもの頃から繊細さを抱えている
- HSPの4つの心理的特徴
- 内向型と外向型の心理的特徴
- 内向型やHSPの人がもつ知られざる強み
- 内向型と外向型は、脳の機能に違いがある
- 遺伝要因も強く関係している
- 日本人には繊細で不安傾向の強い人が非常に多い

第5章

内向型にありがちな悩みとその対処 —— 145

第7章

「振り回される自分」からの脱却

235

- 内省癖は向上心の強さにつながる
- 内向型独特のこだわりは発想力につながる
- 現実に甘んじない理想主義的傾向
- 疑問をもち続ける姿勢を強みにする
- 表面的なかかわりより深いかかわりに向いている
- 人の心の痛みや弱さへの共感性の高さ
- 課題に没頭できる集中力も強みに
- 世間に溶け込みにくいから、独自の発想ができる
- 意外にも人とかかわる仕事に向く
- もし内向型がリーダーになったら
- 在宅勤務は内向型に有利
- あなたを苦しめるその癖が、じつは内向型の強み
- 周囲に合わせるのが苦手なのは自分があるから
- 適応に苦しむからこそ新たな価値を創造できる

第1章

なぜ、ささいなことで疲れてしまうのだろう？

こんな悩みは私だけ？

人づきあいに疲れるということはありませんか。

社会生活を送っていくうえで、人づきあいは欠かせません。生活していくために避けて通れない人づきあいに疲れるというのは、とてもきついものです。

周囲の人たちをみていると、積極的に友だちづきあいを楽しんでいるのに、自分は友だちにさえも気をつかい、疲れてしまう。

職場でも、周りの人たちは気軽に職場の仲間たちと接しているのに、自分は言葉づかいにも話す内容にも気をつかってしまい、気が休まらない。

なぜ、自分はこんなに人に対して気をつかって疲れてしまうのだろう。周りの人たちみたいにもっと気楽に人づきあいができたらいいのに……自分はちょっとおかしいんじゃないか。

そんな思いにとらわれることがあるかもしれません。でも、そうした感覚は、けっして特殊なものではありません。みんなはっきりと口に出して言うことはありませんが、が、心の中では似たような悩みを抱いている人が少なくないのです。
まずは、よくみられるパターンについてみていきましょう。

よくある悩み 1

だれかと行動するのがしんどい

親しい人といるはずなのに「早く帰りたい」と思ってしまう

人間関係で疲れるというと、人づきあいをあまり好まない人、人づきあいをあまりしない人をイメージする人が多いかもしれません。
もちろん疲れるから人づきあいを避けているという人もいますが、人づきあいを楽しみながらも、何となく疲れるという人の方が圧倒的に多数派です。

ときどき仕事帰りに仲間と一緒に食事しながらおしゃべりする。隣のテーブルの知らない人たちからみれば、くだらない話で盛り上がってるなと感じるかもしれないけど、みんなでワイワイ盛り上がるのは楽しい。ストレス発散にもなっていると思う。でも、みんなと別れてひとりになったとたんに、ドッと疲れが出たりする。そんなとき、楽しいつもりでいるけど、自分はどこか無理をしているのかもしれないと感じる。そんなふうに言う人もいます。

職場の同僚たちとときどき飲みに行くのだけれど、そうしたつきあいはけっして嫌いじゃない。むしろ声をかけられるのが嬉しいし、けっこう楽しみにしている自分がいる。声をかけられないのは寂しい。でも、時間が長くなると、「そろそろ終わりにして帰りたいな」といった思いがどこからか込み上げてくる。そんなとき、楽しく過ごしているつもりなのだけど、自分は人といるとけっこう気をつかって疲れるタイプなのかなと思ったりする。そのように自己分析する人もいます。

「毎日一緒にランチするしきたり」がしんどい

自分は人づきあいに疲れるタイプなのかもしれないと言う人に、なぜそのように思うのかと尋ねると、周囲の人との比較がきっかけになっていることが多いようです。

たとえば、人づきあいにとにかく積極的な人が周りにいて、そういう社交的な人と比べて、自分には人づきあいに消極的なところがあるなと感じるようになったという人がいます。

仲間と集まるのは好きだし、おしゃべりしながら食事したりお茶を飲んだりするのも楽しいのだけど、昼休みに毎日のように誘われるとちょっと疲れた気分になり、何かと理由をつけてひとりで過ごす日をつくるようにしている、あの人たちはなんで疲れないのか不

思議だ、という人もいます。

自分というのは、どうにもつかみどころがなく、よくわからないものです。でも、周囲の人と比べることで、自分の特徴が浮かび上がってきます。思いがけない自己発見は、周囲の人との比較がきっかけになることが多いようです。

「人といると疲れる」は、けっして珍しいことではない

周囲の人たちをみると、絶えず人と一緒にいても疲れた様子がまったくみられない人がいます。

というよりも、人と一緒でないと物足りないとでも言うかのように、絶えずだれかに声をかけて、いつも元気に人とつるんでいたりします。

そういう人をみていると、自分はちょっとおかしいのかな、ひ弱すぎるのかなと思ってしまうかもしれません。

でも、人といると疲れるというのは、けっして珍しいことではないし、おかしいこ

とでもありません。心の中では、だれもが多かれ少なかれ疲れているはずです。その理由については、徐々に解説していきたいと思いますが、「人といると疲れる」という感覚をおかしいと感じてしまうのは、人とのつながりを過度に重視する風潮が世の中に広まっているからではないでしょうか。

「ぼっち」という言葉が使われるようになって、まるでひとりでいるのがよくないことであるかのような空気があります。そのせいで、だれもがひとりでいることに引け目を感じてしまいがちです。

ひとりでゆっくり寛《くつろ》ぎたいとか、ひとりで考え事をしたい、自分の世界に没頭したいと思っても、

「友だちのいない孤独なヤツと思われないかな」

と気になり、ついみんなと群れてしまいます。

楽しそうにしている人の多くが、じつは疲れている

人といると気をつかって疲れるといった心理についての話を大学の授業ですると、

授業の最後に提出してもらう「今日の気づきレポート」に、「自分も人といるともののすごく気をつかって疲れるので、自分はおかしいんじゃないかと思ってたけど、今日の授業で多くの日本人はそうだと聞いて安心しました」というようなことを半数以上の学生たちが書いてきます。

それほど多くの人たちが、人づきあいに気をつかって疲れているのです。

しかも、外からみていると、絶えず仲間とはしゃいで楽しそうにしている学生たちの多くが、じつは心の中ではかなり気をつかいながら明るく振る舞っており、そのせいでけっこう疲れていることがわかります。

仲間といるときも、それなりに気をつかい、それがしょっちゅうとなるとさすがに疲れるわけですが、あまりよく知らない人たちと一緒だったり、初対面の人たちと一緒だったりすると、ものすごく疲れます。

それは、相手の反応パターンがわからないからです。「こんなことを言ったら気分を害するかもしれない」、「こんな話には興味がないかもしれない」など、気をつかうことが多すぎて、適切なかかわり方をめぐってあれこれ考えて疲れてしまうのです。

よくある悩み 2

寝る前や帰宅中に1日を振り返って自己嫌悪

「あの発言はまずかった」と後悔しきり

人づきあいで疲れがちな人は、人と別れた後、ひとりで電車に乗っているときや、夜になって寝床に就いたときなどに、
「場違いなことを言わなかったかな」
「あの発言は大丈夫だったかな」
「あの人を傷つけるようなことはなかったかな」
「つまらない話ばかりして退屈させなかったかな」
などと、自分の発言や態度の適切さをめぐって、あれこれ反芻《はんすう》する癖があるもので

す。

言葉や表情など相手の反応を思い浮かべながら、自分の発言や態度を振り返っては、
「まずかったんじゃないか」
「こう言えばよかった」
「もっと向こうの気持ちを配慮すべきだった」
などと後悔の念が湧いてきて、自己嫌悪に陥ったりします。

こんなことが毎日のように繰り返されるのですから、「もう嫌だ！」といった気持ちになることがあるのも当然と言えます。

周囲には、どんな人を相手にしても、どのような場であっても、その相手や場にふさわしい話題を持ち出し、うまく場を盛り上げることができる人がいるものです。

そういう人をみていると、自分みたいに後で振り返ってあれこれ思い悩むことなどないだろうし、気楽でいいなと思うかもしれません。

でも、多くの場合、それは誤解です。みんなと楽しく盛り上がって、別れた後、あなたが自分の発言の適切さをめぐって、みんなの反応を思い出しながら、あれこれ思

い悩み、寝床に就いてからまで自己嫌悪に陥っていることを、はたして周囲の人たちは知っているでしょうか。おそらく知らないでしょう。人の内面など、なかなかわからないものです。

それと同じで、あなたからみて、人づきあいに思い悩むことなどまったくなさそうなお気楽な人も、じつは内面ではいろいろと気をつかい、けっこう疲れていたりするのかもしれません。

あれこれ振り返るのは悪いことではない

もうひとつ大事なのは、あれこれ振り返るのは疲れるかもしれないけれども、けっして悪いことではないということです。

この本を手に取るような繊細な人は、無神経なことを平気で口にする人に呆れることがあるはず。そういう人は、相手に気をつかい、その反応を気にして自分の言動の適切さを振り返るといった繊細さがないため、無神経なことを言って平気なのです。

それに比べたら、相手の気持ちを思いやって自分が疲れてしまう方が、ずっと良心的な生き方と言えるでしょう。

ただし、疲れが度を超すと身がもちません。それで人づきあいを避けるようになったら、生活に支障が生じかねません。

ゆえに、その気疲れを癒やす方法や適度にコントロールする方法を身につけることも必要です。そのコツについてはまた後で触れたいと思います。

よくある悩み 3

決断がぐずぐずしやすい

何かにつけて即決が苦手で周囲を苛立たせてしまう

気疲れしがちな人の特徴として、物事をじっくり考えるということがあります。その結果として、即決が苦手ということになるわけです。

職場の仲間から、週末にどこかに行こうと誘われて、どうしようかと考えていると、

「何考えてるの」

「いいでしょ？　行こうよ」

と急かされる。まるで「考える必要なんかないでしょ」とでも言わんばかりに。

みんなで仕事帰りに飲みに行き、その後カラオケに行こうとだれかが言い出すと、みんなは「行こう、行こう」と即座に賛同し、盛り上がる。そんな中、自分はどうしようかと考えていると、

「何考えてるの！　行くよね」

と言われる。

そんな経験はありませんか。そのようなことが度々あると、どうも自分は何かにつけて即決が苦手で、周囲の人を苛立《いらだ》たせているのではないかと、気になってしまいます。

すぐ決断できないのは自分に忠実に生きている証

でも、即決が苦手というのは、そんなに気にすべきことなのでしょうか。

むしろ、よく考えずに即座に同調する人たちの方が、

「自分はどうしたいんだろう」

「自分はほんとうにそうしたいのだろうか」

といった自問自答を省略し、ただ反射的に同調しているだけで、自分の心の声を聴こうとしていないと言えるでしょう。

即決が苦手な人は、自分に忠実に生きる姿勢を大切にし、自分の心の声を聴こうとするため、決断に時間がかかってしまうのです。

さらには、そのように時間がかかるせいで周囲の人を苛立たせてしまうのではないかと気になってしようがないのです。

ここにも人に気をつかいすぎて疲れてしまう心理傾向が絡んできます。そこで大切

なのは、自分の心の声を聴き取ろうとすることの価値をきちんと認識しておくことです。

最近の風潮として、「ノリの良さ」「フットワークの軽さ」「反応の速さ」にばかり価値が置かれ、熟考したり、自分の心の声に耳を傾けたりすることが疎《おろそ》かになっているということがあります。それは、ともすると軽薄さにもつながるし、自分らしい生活から遠ざかることにもつながります。

周囲に合わせるばかりで自分の心の声を無視し続ける結果、ストレスを溜め込みすぎて、突然ダウンしてしまう人も少なくありません。

その意味では、即決が苦手というように周囲に合わせるのが苦手で、多少不器用なのも、けっして悪いことではないでしょう。

自分らしい生活をするためには、絶えず自分の内面を振り返り、心の声に耳を傾けようとする姿勢は、とても価値あるものと言えます。

よくある悩み 4

会議や雑談の場で発言のタイミングを逃す

「この発言は的外れかも……」と考えているうちに話題が変わってしまう

気疲れしやすい人の特徴として、いろいろと考えすぎてしまうということがあります。

じっくり考えるのはべつに悪いことではないはずですが、みんなで話しているときに、何か言おうと思っても、

「こんなこと言ってもしようがないかな」

「場違いな発言になっちゃうかな」

などと考えているうちに話題が変わってしまい、発言のタイミングを逸《いっ》する。そん

なことが重なると、どうしてもストレスが溜まり、何となく疲れてきます。

仲間との雑談でも、発言のタイミングを逃し続けるのはストレスになりますが、仕事上の会議などで発言のタイミングを逃してばかりとなると、けっこう焦るものです。

上司から何らかの提案があり、みんなで議論している際に、ちょっと疑問に思うことがあり、質問したいと思っても、

「こんなこと質問したら、提案者の気分を害しちゃうかな」

「もしかしたら的外れな質問になるかな」

「こういうこと言ったら、みんなどんな反応を示すだろうか」

などと思い悩んでいるうちに、議論がどんどん進んでしまい、質問をするタイミングを逃してしまう。そんなことが度重なると、

「また何も言えずに終わった」と落ち込み、

自己嫌悪に陥ったりします。

実際、他人の心の内などだれにもわからないので、上司や同僚から何も考えてないと思われてしまう可能性もあり、評価を下げてしまうかもしれません。

肝心な時に自己アピールできない悩み

意見や質問など発言する際に考えすぎてしまうだけでなく、自己アピールが苦手ということもあります。

「グローバル化の時代だから海外の人たちのように積極的に自己アピールすべきだ」と言われるようになりましたが、謙虚さを美徳とする日本の文化のもとで自己形成してきた私たちは、どうしても自己アピールをためらいがちです。

海外の人たちを真似て、積極的に自己アピールしている人たちをみて、羨ましいと思いつつも、えげつなさや見苦しさを感じたりもします。

実際、いかにもできる人間かのように自己アピールして就職してきた新人が、じつはまったく仕事ができず、なんであんなアピールをしたんだと苦々しく思うこともあるという人もいます。

ふだんあまりやる気がなく、手を抜いているくせに、上司の前ではいかにも頑張っているようなアピールをする同僚がいて嫌になるという人もいます。

新たなプロジェクトを立ち上げることになり、メンバーを上司が推薦するから希望する者は申し出るようにと言われ、すごく興味のあるプロジェクトなのだけど、

「実力不足で足を引っ張るといけないし、どうしよう……」

と迷っていると、自分よりはるかに実績のない同僚が自信満々の様子で立候補するのをみて、心から呆れてしまったけど、

「結局、ああいうちょっとずうずうしい人が評価されちゃって、得をするんだよなあ」

と思うと、バカ正直に悩んでしまう自分が嫌になるという人もいます。

だからといって、このような繊細なタイプは、根拠のない自己アピールを積極的にできるようになりたいとは思っていないはずです。むしろ、調子の良すぎる人間にはなりたくない、節度を保っていたいと思っているのではないでしょうか。

そのような価値観を認めてもらえ、きちんと評価してもらえればよいのですが、今

の文化はどうもそうではないため、このタイプはどうしても損をしがちです。

そして、ときどきそんな自分の境遇を振り返って嫌になり、ますます疲れてしまいます。

よくある悩み 5

がさつな人にイライラする

無神経な人の発言に、勝手にハラハラしてしまう

人といると疲れるのは、自分が相手に気をつかうだけでなく、他人に気をつかわない相手にハラハラさせられたり、イライラしたりするからということもあります。

大きな案件を受注して、月間ノルマを大きくクリアして、

「もうノルマ越えなんてすごいじゃないか」

と同僚たちから讃《たた》えられ、調子に乗って、

「ノルマ越えって言ったって、こんな目標ならだれだって簡単にクリアできるでしょ」

などと言うのを聞いて、そこにはノルマをクリアできそうにないと焦っている同僚もいたのでハラハラしたという人がいます。

学生時代の仲間と集まって食事したときに、羽振りの良い感じの友だちが、

「夫がまた昇進して、給料が一気にあがったの」

といって金額まで自慢げに口にするので、安月給で何とかやりくりしている仲間もいるのに、なんて無神経なんだと腹が立ったという人もいます。

このように繊細でいろいろ気になるタイプは、がさつでまったく気をつかわない人物が何か言うたびにドキッとし、

「それはまずいだろう」

「だれか傷ついてはいないか」

などとハラハラしながら周囲の様子をうかがったり、

「なんでそんな無神経なことを平気で言うんだ」

と呆れたり、ときに腹立たしくなったりします。

自分自身が繊細でいろいろ気になるため、人の立場や気持ちに対する配慮に欠けるがさつな人物にイライラしてしまうのです。

強引な人が苦手なのも、人の立場や気持ちを尊重せず、一方的に自分の考えや要求を押しつけるのが許せないからです。


いろいろ気にしすぎる人は、自分が繊細で気にしすぎることを悩むわけですが、その一方で、繊細さに欠けるがさつな人をみると呆れたりイライラしたりします。

こうしてみると、自分の繊細さに悩みながらも、無神経な人間にはなりたくない、つまり自分の繊細さを捨てるつもりはまったくないということがわかるでしょう。

よくある悩み 6

相部屋や寮生活がしんどい

親しい人相手でも、相部屋だと寝つけない

人づきあいに疲れる人は、けっして人間嫌いではありません。相手のことを、周囲の人たちのことを、気づかうあまり疲れてしまうわけだから、むしろ人間好きの部類に入るのではないでしょうか。

でも、繊細であれこれ気をつかいすぎるため、たとえ職場の同僚などよく知っている相手であっても、ずっと一緒にいると疲れてしまいます。

たとえば、みんなでスキーに行こうとか、温泉旅行に行こうなどということになると、個室に泊まるということは滅多になく、たいていはだれかと相部屋になります。

仲間とワイワイやるのは楽しいのですが、自分の部屋にひとりでいるときと違って、始終何かしら気をつかっているため、気持ちが落ち着かず、やっぱり疲れます。

仲間と相部屋で寝るときなど、みんなで寝床に就いても、脳が興奮状態にある感じで、だれかが話しかけるとそれに応じ、だれかがしゃべっていると耳を傾け、みんなが寝入るまでなかなか眠れません。

寝床に就いたとたんに、だれかがしゃべっていてもすぐに寝息を立て始める人をみると、気楽でいいなあと羨ましく思い、どうしたらあんなふうにマイペースでいられるんだろうと不思議に思います。

みんなで旅行に行くときなどは、宿泊料金が自分だけ2倍とかになってもいいから個室にしてもらうという人もいます。人づきあいが嫌いなら行かなければいいのに、そこまでして行くからには、人づきあいが楽しいのでしょう。でも、気をつかいすぎて疲れるため、相部屋は無理というわけです。1日の行事が終わり、寝るときくらい、何も気をつかわずにひとりでゆっくり寛ぎたい。そんな感じなのでしょう。

多くの場合、そこまで極端ではありません。相部屋でそれなりに気をつかいながらも、仲間とのやりとりを楽しみ、何とかこなしていけます。ただし、それが何日も続くとさすがに疲れてきます。

学生寮や社員寮に耐えられないタイプの人

このタイプは、友だちの家に泊まるとか、友だちが泊まりに来るといったやりとりを気軽にできません。その友だちを拒否しているわけではなく、その友だちとのつきあいを心から楽しみ、とても大事にしていても、ずっと一緒だと疲れてしまうのです。寝るときくらいはひとりで寛ぎたいと思ってしまいます。

そうした感受性をもつため、学生寮とか社員寮のように私生活の領域に絶えず仲間が侵入してくる生活にはとても耐えられません。

人のことが気にならないタイプなら何の問題もないのでしょうが、人の意向や気持ちを考えると自分のやりたいようにするというわけにもいかず、どうしても無理をしてしまうため疲れるのです。

気にしないタイプからすれば、無駄に気をつかって勝手に疲れているだけじゃないかということになりますが、気にしないわけにいかないという点にこのタイプの本質的特徴があるので、そこは譲れません。

疲れるのはわかっていても、気をつかわざるを得ないのです。

よくある悩み 7

長時間の話し合いにぐったりする

長い会議やグループワークに疲れる

学校の授業では、ずっと以前からグループ学習というのがありましたが、なぜか最近はアクティブラーニングという名のもとにグループ学習が盛んに行われるようになっています。

学生たちに尋ねると、賛否両論に分かれますが、よほど学習意欲の高い集団でない限り、グループ学習には弊害の方が多いように思われてなりません。そもそもアクティブに学ぶかどうかは、個別学習かグループ学習かとは無関係のはずです。

実際、アクティブラーニングと称してグループワークを取り入れた授業を多く受けている学生たちに尋ねたところ、けっこう不満の声が多くあがりました。

●みんな勝手な思いつきを言うばかりで、議論が深まらないし、知識が身につかない

●ただのおしゃべりになってしまい、授業料がもったいない

●自分がちゃんと予習をして授業に臨んでも、みんなは全然予習してこないから、話し合う意味がない

●ただ乗りする人が多いから納得がいかない

●知識がない者同士で話し合っても勉強にならない

一方で、グループワークの授業の方が講義形式の授業よりいいという学生もかなりいて、その理由としては、つぎのようなものがあげられていました

●座学だと眠くなるけど、グループワークだと寝ていられないから集中できる

●グループワークだと分担した調べ事をやらないといけないから、予習するようになった

●他の人の意見も聞くことができて参考になる

●自分の意見を発表する練習になり、就活に有利になる

結局、グループワークが有効に機能するかどうかは、それに先だって知識の獲得が十分に行われているか、つまり日頃からアクティブに学んでいるかどうかにかかっていると言えそうです。

グループで考えるよりひとりでじっくり考えたい

そういった議論は棚上げするとして、繊細で気をつかう人は、そのようなグループで話し合う場が苦手です。

人とのやりとりに気をつかい、気が散って思考が深まらないのです。

「こんなことを言ったら、さっきの発言者を傷つけちゃうかもしれない」
「あの人の意見を否定するようなことを言ったらまずいし」
「あの人、まだ何も言ってないな」

などとあれこれ気になってしまい、なかなか課題そのものに集中することができません。

ひとりで考える方がずっと集中できるし、じっくり考えを深めたりまとめたりすることができるのにと思ってしまいます。それは、人に邪魔されずに自分の世界に没頭し、じっくり考えたい、思考を深めたいといった思いが強いからでもあります。いいかげんな人なら、そうは思わないでしょう。実際、グループワークでみんな勝手なことばかりしゃべっているため、

「こんなことをして何の意味があるんだろう」

とイライラしているのに、授業後に何の疑問もない様子で、

「今日も楽しかったね」

と言っている同級生に呆れたという人もいます。

会議室では議題よりも別のことが気になってしまう

職場でも同じです。会議室でみんなの様子をみながら、

「あの人はずいぶん攻撃的な言い方をするな。相手の気持ちをもう少し考えてあげればいいのに」

「あの人は反論されて気分を害してるみたいだな」

「あの人は何も発言してないな」

などとあれこれ気をつかい、課題に集中できません。

思いつくことがあり、言おうと思っても、

「あまり説得力ないかな。もっと根拠をしっかり示さないといけないな」

「論理の流れをもっと明快にしないと」

「みんなの意見をもう少し聞いてからにしよう」

などと思っているうちに話題が変わってしまい、発言の機会を逃します。

だれかの発言が的外れだと思ったり、何らかの提案についてそれはまずいと思ったりしても、面と向かって指摘すれば気まずい感じになるし、

「どういう言い方をすればメンツを潰さないですむだろうか」

「どんな説明をすれば気分を害さずに納得してもらえるかな」

などと考えているうちに、何だか面倒くさくなり、

「まあ、いいか」

と諦めてしまうこともあります。

そんなことを繰り返しているため、いいかげん疲れてしまいます。

また、思いつきでいいかげんなことばかり発言する人や、すぐに雑談に流れていく人がいたりして、長く続く会議にイライラします。それもきちんと生産性のある会議にしたいという思いが強いからと言えます。何のために会議をしているのかということを気にしない人なら、無駄な会議が長く続いても気にならないのでしょうが、そこまでのんきになれないのです。

よくある悩み

8

自分のミスをとことん引きずる

ミスをして注意されると気になって仕方ない

繊細な人は、仕事でちょっとしたミスをして、それを注意されたりすると、「やらかしちゃった」

とショックを受け、自責の念に駆られ、

「二度と同じミスをしないように気をつけなくちゃ」

と心に誓います。

しかし、だれだってうっかり同じようなミスを繰り返してしまうことはあります。そんなときは、

「なんでまた同じミスをしちゃったんだろう。ダメだなあ」

とひどく落ち込み、自己嫌悪に陥ります。

逆にミスをして反省しない人にはイライラしっぱなし

「自分はなんでこんなにちょっとしたことでいちいち落ち込むんだろう」

と嘆き、

「こんなんじゃ身がもたないわ。何があっても気にしない人が羨ましい」

と言う人に、何があっても気にしない人が身近にいないかと問いかけると、同じ職場の同僚にそういう人がいると言います。

その人は、仕事でミスをして注意されてもケロッとしており、気にしないせいか同じミスを繰り返すことが多いのだけど、それでもまったく気にする素振りもなく、平然としているそうです。

自分がミスを注意されて落ち込んでいると、

「いちいち気にしてどうするの。言わせておけばいいんだって。先輩より経験が浅いんだから、仕事ができなくて当然でしょ」

と声をかけてくる。励まそうとしてくれているのかもしれないけど、この人は自分がミスをした時もまったく反省せず、開き直る姿勢なのかなと思うと、呆れるのを通り越して、憤りさえ感じることがあると言います。

最近では、いくら注意しても重く受け止めず、行動が修正されないため、先輩が注意しても無駄と諦めて、あまり注意しなくなった。それでもまったく自覚がなく、

「この頃あまり注意されなくなったし、私成長してるみたい」

などと真顔で言うので、どういう神経をしているんだろうと呆れるしかないそうで

す。相談してきた当人は、そのように何も気にしない同僚の日頃の様子を説明しているうちに、何か気づきがあったようで、

「私、自分がミスや注意を気にしすぎるのを何とかしたいって言いましたけど、あんな無神経で自分を振り返らないような人間になりたいとは思いませんね。気にしないっていうのも問題ですよね」

と言い出しました。

このエピソードからもわかるように、向上心や責任感がなければミスを注意されても気にならないかもしれませんが、それはけっして望ましいあり方とは言えません。気にしすぎて落ち込むのは苦しいものですが、気にすることで行動が修正され、できるようになっていくわけで、気にしなければいいということではないのです。

気にしつつも、どうやってストレスを軽減するか。それが課題となります。

よくある悩み 9

仕事やテストのプレッシャーを過剰に感じてしまう

いくら準備しても不安でたまらない

繊細で気にしすぎの人は、仕事などでミスをした際に気にしすぎるだけでなく、ミスをすることを極端に恐れ、何かする前に非常に神経質になります。

たとえば、資格試験や昇格試験の前には、失敗しないように勉強に全力を投入します。参考書を丹念に読んだり、過去問が出ている問題集で問題を解く練習をしたり、間違ったところをチェックして勉強し直して知識の定着を図ったり、時間が許す限りあらゆる準備をします。

それでも、学校時代の試験のことを思い出せばわかるように、試験問題が事前に手に入りでもしない限り、いくら準備をしても完璧ということはあり得ないため、不安を払拭《ふっしょく》することはできません。

それは、なにも試験に限りません。

同僚と比べて自分は不安が強くて困るという人は、たとえば仕事受注のためのプレゼンを任されたりすると、それが終わるまではプレゼンのことが頭から離れず、落ち着いて生活できなくなると言います。

「プレゼンの内容を組み立てるのにも神経をつかいますけど、パワーポイントができても、きちんと説明できるかが不安で、何度も実演して練習しないと落ち着きません。それで、同僚に聞いてもらって、これでいいかどうかチェックしてもらったりします。その同僚は、心配しすぎじゃないの、パワーポイントができればもう心配ないよと言ってくれるんですけど、心配でたまらず、どうにも落ち着きません」

プレゼンの練習をした後も、

「何か漏れはないだろうか」

「どんな質問が出るかな」

「知らないことを質問されたらどうしよう」

「向こうの方が知識があったりしたらどうしよう」

などと思うと不安でたまらなくなり、出そうな質問を想定して回答を考えたり、関連しそうな資料を検索して読みまくったりして、プレゼン当日まで落ち着かないと言います。

あらゆるリスクを想定して不安にかられる

訪問営業を担当しているという人も、同じようなことを言います。

「商品の説明をうまくできなかったら大変だ」

「こっちが売り込みをかける立場なのに、向こうの方が新しい情報を仕入れていたりしたらみっともない」

「答えられないような質問をされたら困る」

などと思うと不安でたまらなくなり、あらゆる情報や資料を検索して知識を仕入れ、万一のための資料を用意するのに必死になるそうです。

このように繊細で気にしすぎという自覚のある人は、何かと不安が強い自分をもてあましており、試験やプレゼンを前にしても慌てず、不安げな様子もなく、堂々としている人をみて、羨ましいと思うものです。

でも、じつは不安があることで勉強も仕事もうまくいくという面があるのです。第6章で改めてお話しする不安の効用に目を向ける必要があります。

たとえば、試験の準備勉強を適度に切り上げ、

「これで大丈夫」

と楽観している人と、いくら準備勉強をしても不安がなくならないため、参考書や問題集を何度も繰り返している人と、どちらが受かりやすいでしょうか。

プレゼンのパワーポイントができると、

「もうこれでいい」

と準備を切り上げる人と、いくら準備しても不安が消えないため、直前までプレゼンの練習や知識・情報の吸収に余念のない人では、どちらの方が失敗する確率が低いでしょうか。

こう考えてみると、楽観的でいるよりも、いくら準備しても不安でたまらないという心理状態が続く方が、用意周到に準備でき、うまくいく確率が高いということがわ

かるでしょう。

よくある悩み 10

自分の意向より相手の期待を優先し、結局疲れる

人の期待を裏切らないように気をつかって反応する

人づきあいに気をつかって疲れるというのはどういうことかと考えると、それは相手の立場や気持ちに配慮する姿勢があるからこそ生じる心理だと言えます。

他人に対する配慮がなく、自分勝手に振る舞う人は、人に気をつかって疲れるという心理は理解できないでしょう。

相手に気をつかいすぎる人の心の中に深く刻まれているのは、「相手の期待に応えたい」「相手の期待を裏切りたくない」といった思いです。

そのため、相手が何を求めているのか、どんなことを期待しているのかに敏感になります。そして、そうした要求や期待に何とか応えようと無理をしたり自分の思いを抑えたりします。それで疲れてしまうのです。

部下や後輩になかなかダメ出しできない

たとえば、職場の同僚からシフトを替わってほしいと頼まれた場合など、その日は予定があり都合が悪くても、相手の期待を感じ、

「きっと何か大切な用事があるんだろうな」

「こっちが断ったら困るんだろうな」

と思うと、即座に断るということがしにくくなってしまいます。結局断れずに交代に応じた後、正直にこちらの都合を伝えて断ることができなかった自分に自己嫌悪することになります。

職場の後輩が、

「書類できました。確認してください」

と書類をもってきたけど、確認するとあまりに雑でやり直さないとまずいというような場合も、早くできたと自慢げな後輩の表情をみて、

「ほめてもらえると期待してるんだろうな」

「ここでダメ出ししたらすごいショックだろうな」

と思うと、はっきりダメ出しできず、

「言いにくいから、こっちで勝手に直してしまおうか」

といった誘惑に負けそうになりますが、

「ここで教えてあげないと、ちゃんとできるようにならないし」

といった思いも込み上げてきて、

「どうやって説明したら傷つきが少なくてすむだろうか」

と悩んでしまいます。

「行きたくない誘い」を断れない

このところ疲れ気味だから、今日はすぐに帰って家でゆっくり寛ごうと思っている

ところに、職場の先輩から飲みに行こうと誘われると、

「飲みに行きたい気分なんだろうなあ」

「せっかく声をかけてくれたのに、断るのは申し訳ないなあ」

などと思い、なかなか断りにくくなってしまいます。それで断らなかった場合、飲みに行った帰り道でドッと疲れが出て、

「なんで断らなかったんだろう」

と後悔の念に苛《さいな》まれ、さらに疲れてしまいます。

「内向型」なのに、相手の期待に応えようとしてしまう人

人づきあいに気をつかって疲れるのは、性格のタイプ論では内向型の特徴と言えま

す。

内向型や外向型の特徴については後で改めて説明しますが、ここで簡単にみておきましょう。

自分の内面をしょっちゅう振り返り、内面生活が豊かな半面、外の世界への関心が薄く、他人の意向をとらえるのが苦手なため、人間関係がスムーズにいきにくく社会適応に苦しみがちなのが「内向型」の特徴です。

それに対して、自分の内面にあまり目が向かず、外の世界への関心が強く、他人の意向に沿って動くのが得意なため、人間関係に悩むことは少なく社会適応がスムーズなのが「外向型」の特徴です。

そうすると、相手の期待に応えるかのように動くのは、外向型の特徴ということになります。

では、自分の内面に目が向かいがちな内向型なのに、なぜ常に相手の期待に応えようとしているのでしょうか。

じつは、これこそが、この本のテーマになっている「隠れ内向」の特徴と言えます。**自分の内面をしょっちゅう振り返り、「自分はほんとうはどうしたいのか」と自問することを大切にしているのですが、同時に「相手の期待を裏切りたくない」といった思いも強いため、気疲れしてしまう**のです。

元々外向型であれば、とくに気疲れすることなく、ごく自然に相手に合わせて動くことができます。

そこには、第3章で解説するように、現代の文化が外向型の価値を偏重しているため、内向型であっても外向的な面を身につけなければ社会適応がスムーズにいかないといった事情が絡んでいます。

ただし、相手の期待に応えようとするという点に関しては、日本文化の特徴が大いに関係していると言わざるを得ません。これについても、あとで具体的に説明したいと思います。

第2章

自分の「心の癖」を意識する

「自己中心の文化」に対する「間柄の文化」

前章の最後に、相手の期待に応えようとするという点に関しては、日本文化の特徴が大いに関係していると指摘しました。

海外の人たちをみていると、相手がどう思うかなど関係ないといった感じで自分の言いたいことを主張することがあります。そうした様子をみて、何だか自分勝手だなと呆れたという人もいるかもしれません。

でも、彼らの育った社会では、それはごく当たり前の振る舞い方なのです。そこには文化の違いが関係しています。私たちの心には、生まれ育った文化の特徴が深く刻まれているのです。

私は、欧米の文化を「自己中心の文化」、日本の文化を「間柄の文化」と特徴づけています。

「自己中心の文化」というのは、自分が思うことを堂々と主張すればよい、ある事柄を持ち出すかどうか、ある行動を取るかどうかは、自分の立場や意見を基準に判断すればよい、とする文化のことです。

そこでは、常に自分自身の気持ちや考えに従って判断するのが当然だということになります。

積極的な自己主張をよしとする欧米の文化は、まさに「自己中心の文化」と言ってよいでしょう。

そのような文化のもとで自己形成してきた欧米人の自己は、個として独立しており、他者から切り離されています。あくまでも自分を貫くのが正しいこととされ、他者に影響を受けるのは未成熟とみなされます。

それに対して、「間柄の文化」というのは、一方的な自己主張で人を困らせたり嫌な思いにさせたりしてはいけない、ある事柄を持ち出すかどうか、ある行動を取るかどうかは、相手の気持ちや立場に配慮して判断すべき、とする文化のことです。

そこでは、常に相手の気持ちや立場に配慮しながら判断すべきだということになります。

勝手な自己主張を控え、思いやりをもつべきとする日本の文化は、まさに「間柄の文化」と言えます。

そのような文化のもとで自己形成してきた日本人の自己は、個として閉じておらず、他者に対して開かれています。他者のことを配慮できず、自分基準で動くのは自分勝手で未成熟とみなされます。

ここでわかるように、相手に気をつかうのは、まさに「間柄の文化」の特徴と言えます。日本では、思いやりという心の構えがとても大切にされていますが、それは相手の気持ちや立場に配慮するということで、間柄を重視する姿勢のあらわれと言えます。

それは、言い方を変えれば、相手に巻き込まれやすく、相手に振り回されやすいということでもあります。

ゆえに、内向型だからといって、自分の内面に浸ってばかりいられず、相手の意向を適切にとらえ、その期待を裏切らないように努めなければなりません。元々そういうことが苦手な内向型だからこそ、気をつかいすぎて疲れてしまうのです。

人との会話で疲れてしまう理由

このような間柄の文化の特徴を説明されても、なかなか実感が湧かないかもしれません。そこで、具体的な場面を想定してみましょう。

間柄の文化では、相手の反応を予測し、また相手の反応を絶えずモニターしながら、自分の出方を判断する必要があります。

何か話す際も、

「こんな話には興味ないかな」

「退屈してないかな」

などと気をつかい、何かに誘う際にも、

「迷惑じゃないかな」

「強引になってもいけないな」

などと気をつかいます。そして、相手の反応をモニターしながら話を持ち出すことになります。だから疲れるのです。

さらには、相手との関係性によって言葉づかいを変える必要もあるため、まだ関係性が定まっていない、よく知らない人には非常に神経をつかいます。

心理学の立場から日本語論を展開している芳賀綏は、日本人の言語表現の微妙なニュアンス、そしてそれを気にするあまり困惑する心理を端的に描写しています。

バスの中で、旅行者らしい中年女性と土地の人らしい青年が並んで腰掛けていました。考え事でもしていたのか、その女性はうっかり乗り過ごしそうになり、慌てて降りようとしました。その背中に向けて、青年がちょっとためらいながら声をかけました。

「アノ、これ、違うんですか？」

その女性は、座席にカバンを一つ置き忘れたまま降りようとしたのでした。

「青年の発話に、相手の呼称も、代名詞も、出現していないのがおもしろい。『小母さん！』とも『あなた！』とも呼べず、『アノ、』となった。そして『小母さんのカバン』でも『あなたのカバン』でも落ち着かない。『これ』ですますことにした。英語なら your bag と言うのに何の迷いもあるはずがない」（芳賀綏著『日本語の社会心理』人間の科学社）

芳賀は、年齢・性別・親疎《しんそ》など、いくつもの条件を考え合わせたあげく、使う語句を決定しかねると、こんな結果になり、どの語句を選んでもテレくささが絡んで口に出せないという心理の微妙さこそ、日本人の対人行動を描くのに欠かせないと言います。

どうでしょうか。この青年の気持ちは、日本で生まれ育った人ならよくわかるはずです。自分が同じ状況に置かれたら、やはり声のかけ方に困惑し、同じような言葉を発することになったかもしれないという人が多いのではないかと思います。

丁寧語とはいえ年長者に「あなた」と呼びかけるのは失礼に当たるでしょう。もちろん「君」とか「お前」などは、あまりに失礼になるので使えません。このような相手に対しては、よく考えてみると適切な代名詞がありません。

そこで、「小母さん」が頭に浮かぶわけですが、もしかしたら気分を害するかもしれません。そうかといって「お姉さん」では嫌味になってしまうでしょう。

そうなると、適切な呼びかけの言葉が思い浮かばず、「アノ」となり、適切な所有格がみつからず、「これ」ですまさざるを得ません。

この例でもわかるように、ちょっと声をかけるにも言葉づかいをめぐってあれこれ思い悩まなければならないほど、私たち日本人は常に相手がどう受け止めるか、相手の気持ちを思いやりながら行動しているのです。

「同僚」「友人」相手なのに疲れてしまうしくみ

人づきあいに疲れるという場合、その根本にあるのは、「人の目」を気にして、「人の目」に縛られる心理です。

前項の事例のように、知らない相手や、まだ自分との関係性がはっきりしない相手に対して気をつかうだけでなく、日頃接している身近な相手に対しても気をつかいます。

むしろ関係が持続する相手に対するときの方が、気まずくなりたくないといった思いが強く働き、相手の反応が気になります。

職場の仲間たちと昼休みに談笑している場面でも、何か言おうとするたびに、

「こんなことを言ったら気分を害したりしないかな」

と気にしたり、その場で期待されている反応を察知してそれに応えるような発言を

したりします。

何か言った後も、

「場違いな発言にならなかったかな」

「気分を害した人いないかな」

などと、自分の発言の適切さをめぐってあれこれ気にしてしまいます。

楽しげに雑談していても、

「ほんとうに楽しいのだろうか」

「退屈していないかな」
「つまらないヤツと思われてないかな」
などと、周囲からどう思われているかが気になって仕方ありません。

友だちづきあいでも、うっかり自分を出しすぎて引かれた経験があったりすると、どこまで自分を出したらよいのかと悩んでしまい、笑顔で盛り上がっていても、心の中では必死の綱渡りをしている感じになりがちです。

職場の同僚と親しくなり始めても、友だちができるのは嬉しいことに違いないわけですが、

「どこまで自分を出したらよいのだろう」

「どんな面を出すのが無難だろうか」

などと気になり、関係を大事にしたいと思えば思うほど、ぎこちなくなってしまいます。


だからこそ、素の自分をそのまま出せる相手ができたらどんなにいいだろうと思うのですが、いきなりそういう関係が手に入ることは望めません。

だれとでもすぐに打ち解け、仲良くなっていく人をみて、非常に羨ましく思い、自分もあんなふうに気軽に人とつきあえるようになりたいと思っても、心のクセをそう簡単に修正できるものではありません。

疲れてしまうのは「人の目」が気になるから

繊細な人にみられがちなのが対人不安傾向です。

対人不安などというと、何か深刻な心の病のように感じるかもしれませんが、けっしてそんなことはありません。「人の目」を気にする日本人にはよくみられる心理傾向です。

人づきあいが苦手で友だちがあまりいないという人も、親しい友だちがいるという人も、けっこう友だちは多い方だという人も、心の中では多かれ少なかれ対人不安を抱えているものです。

私たちは、さまざまな形で対人不安を経験します。

たとえば、話すことに関して不安があります。よく知らない人や、それほど親しくない人と会う際には、

「うまくしゃべれるかな」

「何を話せばよいのだろう」

「場違いなことを言ってしまわないかな」

などといった不安が頭をもたげてくるため、会う前から緊張する。そんなことはありませんか。

また、実際に話している最中も、

「つまらないと思ってないかな」

「退屈させてないかな」

などといった不安を抱えながら、相手の反応を気にします。

相手から好意的にみてもらえるかが不安だという心理もあります。だれだって相手から否定的にみられたくないし、好意的にみてもらいたい。でも、絶対的な自信がある人などいません。そこで、

「好意をもってもらえるかな」

「嫌われないかな」

「うっとうしがられたら嫌だな」

などといった不安に駆られ、相手の言葉や態度にとても敏感になります。

相手からわかってもらえるかが不安だという心理もあります。何か言おうとするたびに、

「共感してもらえるかな」

「変なヤツと思われないかな」

「こんなこと言って、引かれたら傷つくなあ」

などといった不安を感じるため、気になることもなかなか率直に言いにくい。そんなことはないでしょうか。


このような対人関係の場で生じる不安を**「対人不安」**と言います。

「対人不安」の強い人・弱い人

心理学者バスによれば、**対人不安とは、「人前に出たときに感じる不快感」**であり、つぎのような心理傾向を指します。

①初めての場に慣れるのに時間がかかる
②人にみられていると仕事に集中できない

③とても照れ屋である
④人前で話すときは不安になる
⑤大勢の人の中では気をつかって疲れる

ほとんどの項目があてはまるという人が多いのではないでしょうか。日本人の多くがこのような心理傾向をもつと考えられます。

実際、先にあげた3つの不安、つまり「話すことに関する不安」「相手から好意的にみてもらえるだろうかという不安」「相手からわかってもらえるだろうかという不安」について授業で話すと、多くの学生が共感し、

「まるで自分のことのようだ」
「自分のことを言われているとしか思えない」
「まさに自分の心理がこれだ」

といった反応がほとんどとなります。そして、バスの5項目に関しても、そのほぼすべてが自分にあてはまると言います。

そして、自分自身の対人不安について、つぎのように記述しています。

「だれかから話しかけられたらどうしようという気持ちが強くて、学校ではいつも緊

張している」
「進学したり、クラス替えしたりするたびに、うまくやっていけるか不安が強かったけど、未だに慣れないし、就職して新たな人間関係の中でちゃんとやっていけるか不安」
「断られるのが怖くて、友だちを自分から誘えない」
「高校でも大学生になっても、グループができると、その中でしかつきあわない傾向があり、みんな対人不安が強いように思う」
「相手からどう思われるかがとても気になり、自分をさらけ出すことができない」
「相手から好意をもってもらえるか不安で、嫌われないかといつも脅えている」
「相手によく思われたい気持ちが強くて、無理して合わせたり、つまらないと思われないように必死になってしゃべったりしている」
「相手のノリが悪いと、やっぱり自分の話はつまらないんだと思い、落ち込んでしまい、ますます気まずい感じになる」
「こんなこと言ったら嫌われ、仲間外れにされるのではと思って、何を話したらいいか悩むことがある」
「自分に自信がないから、思うように言いたいことを言えなくて、ストレスが溜まる」

「不安のあまり汗をかいたり、イライラしたりして、自分の嫌な面が出てしまう」

自分はだれとでもうまくやっていけるタイプだと思っていたけど、対人不安の話を聞くと、たしかに自分にもそういう面があるし、これまで意識したことがなかっただけで、けっこう無理して気疲れしていることに気づいたという声もあります。

対人不安が強いと「絆」ができにくい？

学生のような若い人ばかりではありません。対人不安について、子育て講演などで子育て中の母親たちに話しても、企業の研修で話しても、自分もそうした心理が強いといった声が多く聞かれます。

心理学者シュレンカーとリアリィは、対人不安とは、「現実の、あるいは想像上の対人的場面において、他者から評価されたり、評価されることを予想したりすることによって生じる不安」であると言います。

この定義は、「人前に出たときに感じる不快感」というバスの定義と比べて、対人不安が生じる心理メカニズムにまで踏み込むものと言えます。

つまり、人からどのように評価されるかを気にするあまり不安が高まる、それが対人不安だというのです。

対人不安が強いと、対人場面を恐れ、回避しようとします。

不安なために、人のちょっとした言動にも、

「呆れているのではないか」
「気分を害したのではないか」
「自分と一緒にいてもつまらないのではないか」
「嫌われているのではないか」
「バカにされたのではないか」

などとネガティブな意味を読み取ってしまいがちなため、傷つきやすいということがあります。

対人不安に脅かされるあまり、対人関係を回避しようとし、率直なかかわりができず、助けになる絆ができにくいということもあります。

ユングが唱えた外向型・内向型のタイプ論

対人不安が強いのは内向型の特徴ですが、ここで外向型・内向型の特徴について、詳しくみていくことにしましょう。

ユングは、心理療法家としての先輩であるフロイトとアドラーがどちらも神経症患者の治療に携わりながら、まったく異なる理論を構築したことをヒントに、人間には根本的に相反する2つの態度があるのではないかと考えました。

フロイトは、外的世界、つまり現実世界における人間関係を重視します。

一方、アドラーは、内的世界、つまり心の中の世界における主観的傾向である劣等感を重視します。

ユングからみれば、神経症はどちらの見方によっても説明がつくのですが、フロイトもアドラーも自分の立場のみが正しいと信じていました。

「このディレンマをみて、わたしはこう考えた。人間には相異なる二つのタイプがあって、一方はむしろ客体に興味をもち、他方はむしろ自己自身（主体）に興味をもつ

のではあるまいか」（C・G・ユング著、高橋義孝訳『無意識の心理』人文書院より）

こうしてユングは、**客体を基準にして自らを方向づける態度を外向型、主観的要因を基準として自らを方向づける態度を内向型**とする類型論を打ち立てました。

ちょっとわかりにくいと思うので、もう少し具体的に考えてみましょう。

外向型は、周囲の人物や事物に対する関心が強く、周囲の動向をもとに物事を判断します。自分の思いや感受性といった主観的な面を犠牲にして周囲に合わせるため、周囲とのあつれきは少なく、社会適応は良いものの、それがゆきすぎると自己を見失うことにもなりかねません。

内向型は、自分自身に対する関心が強く、外的諸条件よりも自分の中の主観的なものをもとに物事を判断します。つまり、自分自身がどう感じ、どう思うかが大切なのです。それがゆきすぎると社会的不適応に陥りがちです。

ユングによれば、外向型は、迎合的で気さく、どんな状況にも素早く適応し、くよくよすることがないものの、やや軽はずみなところがあるといった特徴をもちます。

一方、内向型は、ためらいがちで内省的、引っ込み思案で容易に心を開かず、人見

心的エネルギーが内側へ向かう

- ☑ 自分への関心が高い
- ☑ 他人や世間の動向をとらえるのが苦手
- ☑ 集中力が高い
- ☑ 切り替えが苦手
- ☑ 自分の感情や考えに従って行動したい
- ☑ 刺激に敏感
- ☑ 少数の人との深いつきあいを好みがち
- ☑ よく知らない人を避けがち
- ☑ 社会適応に苦労する

心的エネルギーが外側へ向かう

- ☑ 他人や世間の動向への関心が高い
- ☑ 周囲への注意力が高い
- ☑ 切り替えが得意
- ☑ 周囲の期待や動向に従って行動する
- ☑ 刺激に鈍感
- ☑ 不特定多数との広く浅いつきあいを好みがち
- ☑ 自分を向き合うことを避けがち
- ☑ 社会適応がスムーズ

知りし、絶えず受け身の姿勢で引きこもりながら周囲を用心深く観察しているといった特徴をもちます。

このように、外向型は外的世界とのつながりが強く、行動範囲の広さと行動の早さに特徴があり、内向型は独自な内的世界とのつながりが強く、その深さに特徴があります。

この外向型と内向型に分類するタイプ論は、あっという間に世界各国の言葉に翻訳され、広まっていきました。外向型・内向型という用語は、すでに日常用語にもなっていますが、それほど多くの人々の心をとらえ共感を得ているということでしょう。

繊細で気にしすぎる人は、このタイプ論で言えば内向型に相当します。

自分は内向型に違いないと思いながらも、確信がもてないという人もいるかと思います。そこで、心理テストを用意したので、試しにチェックしてみてください。

外向型・内向型のチェックテスト

以下の各項目が自分自身にあてはまるかどうか、チェックしてみてください。あてはまる項目の上の（　）内に○をつけましょう。

（　）1　何かする際には、自分はほんとうにやりたいのかをよく考えてみる方だ
（　）2　自分らしさへのこだわりが強い
（　）3　安易に人に同調したくないという思いがある
（　）4　過去の出来事を振り返ることが多い
（　）5　何かを決める際に、あれこれ考えて即断できない
（　）6　クラス替えや入学・入社のときなど、新たな環境に馴染むのに時間がかかる
（　）7　引っ込み思案で、友だちでもない相手に自分から話しかけることは少ない
（　）8　人見知りをする

（　）9 周りの人たちの様子を用心深く観察するところがある
（　）10 よく知らない場に出かけたり、新たなことをしたりするのは抵抗がある
（　）11 新しい友だちができにくい
（　）12 交友範囲は狭いが、深いつきあいをする方だ
（　）13 パーティ・懇親会のような大勢が集まる社交の場は苦手だ
（　）14 とくに親しい人たちといるときだけ自由に振る舞える
（　）15 何かする際には、みんなの意向やその場の雰囲気で決める方だ
（　）16 その場その場にふさわしい態度や行動をわりとスムーズに取れる方だ
（　）17 わりと自然に人に合わせることができる
（　）18 ひとりになって自分と向き合うということはあまりない
（　）19 決断は早い方だ
（　）20 クラス替えとか入学・入社のときなど、新たな環境にすぐに溶け込める
（　）21 自分から積極的に人に声をかけ、かかわろうとする方だ
（　）22 他人からみて親しみやすい方だと思う
（　）23 よく考えずに軽はずみな行動を取りやすいところがある
（　）24 未知の状況にも躊躇せずに積極的に飛び込んでいく方だ

（　）25　だれとでもすぐに親しくなれる方だ
（　）26　社交的で交友範囲が広いため、どうしても浅いつきあいが多くなりがちだ
（　）27　パーティ・懇親会のような社交の場を気軽に楽しめる
（　）28　よく知らない人たちの中でも緊張せずに自由に振る舞える

どうでしたか。あてはまるものもあれば、あてはまらないものもあったでしょう。じつは、項目1～14は内向型の人が○をつけることが多い性質をあらわし、項目15～28は外向型の人が○をつけることが多い性質をあらわしています。

15～28よりも1～14の方が多くあてはまれば、あなたは内向型ということになります。

1～14よりも15～28の方が多くあてはまる場合は、外向型ということになります。けっこう人づきあいには積極的なのに1～14にもあてはまる項目が意外に多いという場合は、もしかしたら元々は内向型なのに社会に適応するために無理をして外向的に振る舞っている「隠れ内向」かもしれません。それについては第3章で詳しく解説します。

内向型はなぜ疲れやすいのか

自分の内面に目が向かいがちな内向型は、どうしても社会適応に困難を感じがちです。周囲にうまく合わせることができないのです。

外向型は外の出来事や人々に向けてアンテナを張りめぐらせているため、周囲に容易に合わせることができます。世の中の流れにうまく乗ることができ、その場の空気を的確に察知して合わせることができます。

たとえば、職場の人たちの様子や表情をみながらうまく対応できるため、雑談も上手にでき、適度に冗談を言ったり、相手の気持ちをくすぐるようなことも上手に言えるので、上司や先輩からかわいがられます。そんな感じのため、取引先の担当者からも気に入られます。

それに対して内向型は、いわば自分の内面に向けてアンテナを張りめぐらせているため、

「自分はほんとうはどうしたいのだろう」

「自分は何を求めているのだろう」

といった問いと向き合うことが多く、時流をとらえ、それにうまく乗ったり、その場の空気を察知して周囲に合わせたりするのが苦手です。どう振る舞うのが適切なのかがよくわからず、対応の仕方にいちいち悩んでしまいます。

そのため、職場の雰囲気に馴染むのに時間がかかり、表面上は何とか無難にかかわっていても、周囲の人たちとなかなか打ち解けた感じでかかわることができません。本人がどことなく緊張気味なため、周囲の人たちも気軽に話しかけにくく、ちょっと浮いた感じになってしまうこともあります。

そんな内向型は、すぐに周囲に溶け込み、だれとでも笑顔で気軽に話すことができる外向型を羨ましく思い、自分もあんなふうにできたらいいのになあと思うものの、

「こんなことを言ったら変に思われるかもしれない」

「こういう言い方は失礼になるかな」

などと迷ってしまい、なかなか気軽に話せません。

絶えず自分の内面を見つめながら過ごしているため、周囲の人たちの様子にあまり気づかないのです。

そこで、どうしたらあんなふうになれるのだろうと悩み、いつまでも緊張気味で周

囲になかなか溶け込めない自分が嫌になります。

自意識が強い人は、心のエネルギーを消耗する

内向型は、あまりに神経過敏なため、心の安定を保つためには刺激を極力避ける必要があります。そのため人づきあいに消極的にならざるを得ません。

それに対して外向型は、ある意味で鈍感なため、貪欲に刺激を求めます。それが積極的に人づきあいを求める姿勢につながっていきます。

その結果、人脈づくりに熱心で幅広い人間関係をもつ外向型が、組織で出世するのに適しているということになります。内向型は、どうしても組織の中では影の薄い存在になりがちです。それには「自意識の強さ」も絡んでいます。

自分の内面を絶えず見つめながら過ごしているということは、自意識が強いことにつながります。

動物と違って自意識をもつのが人間の特徴であるなどと言われるように、自意識は

だれもがもつものです。ただし、これが強すぎるのも困りものです。余計なこともいちいち気になってしまい、心のエネルギーを消耗します。

世の中を見回すと、けっこうずうずうしい人物やいいかげんな人物が得をすることが多いものです。

自意識が強く、みっともない生き方はしたくないなどと思う人からすれば、調子よく迎合するばかりの人が出世したりして、嫌になってしまうかもしれません。

内向型の人は、自意識が強いため、常に自分自身を観察しています。利害の絡んだ問題でムキになっている自分を見つけようものなら、たちどころに気持ちがシラケてしまいます。

自分をあまり振り返ることのない外向型の場合は、目の色を変えて自己主張している自分に見苦しさを感じたりせずに、現実の課題解決に集中でき、それが世俗的な成功につながっていきます。そこでは自意識の強い内向型は損をしがちです。

出世欲が強く、会議などで自分の有能さを示そうとしたり、上役に調子の良いことを言ったり、人脈づくりに血眼になったりする人が外向型に多いのも、そのような自分をあまり振り返らない傾向からです。

自分を振り返る心の癖が強い内向型は、自分が利己的になったり調子良く振る舞ったりすることに耐えられないため、そのようなことができないのです。

自意識の強さは、なにも倫理的な側面に限りません。日常の何気ない行動にも、強い自意識の痕跡を読み取ることができます。

たとえば、内向型の人は、知人らしき人物を見かけても、

「もし違っていたらどうしよう」

「こんなところで声をかけられても、迷惑かもしれないな」

などといった思いから声をかけそびれながらも、

「無視したと誤解されたらどうしよう」

と心配になったりします。

買い物に出かけても、混雑した店内で周囲を押しのけるようにして目当ての商品を手にとろうとする人に圧倒され、

「あんなふうに見苦しいことはできない」

といった思いから店員に声をかけるタイミングをつかめず、結局買いたいものも買えずに帰ってきたりします。

このような具合に、**自意識が強いせいで、心のエネルギーを必要以上に消耗**してしまいます。

ただし、無駄に心のエネルギーを消耗しているだけと思われがちですが、余計なことを考えてしまうのも、人間らしさのあらわれとも言えます。単に効率よく機能的な行動を取るだけなら、ロボットにでもできます。

何かと余分なことを考えて、心理的な寄り道を味わう能力は、内向型の人間に特有のものと言えます。外的世界の出来事だけみていたら単調な日常生活も、自意識のおかげで心が揺れ動き、波乱万丈のうねりを示すことになります。

私たちの生活を豊かにしているのは、まさに内的世界の充実です。外的世界で機能的にうまく行動するのは、どんな動物でも本能的にやっていることです。非現実の世界、想像の世界に遊ぶことこそが、人間独自の豊かさと言ってよいでしょう。

世俗的な成功よりも内的世界の充実を目指す内向型人間は、まさに人間らしい高等な生き方をしていると言ってよいでしょう。

自意識の強さに苦しんだり、消耗したり、世俗的な意味で損をしたりすることがあっても、その分だけ人間的な生き方ができていると思えば、それほど苦でなくなるのではないでしょうか。

第3章

その疲れ、もしかして「隠れ内向」？

「隠れ内向」の人が増えている

内向型というと、人前に出ると緊張し、いかにも内気で人づきあいを避け、引きこもり気味の人物をイメージする人もいるでしょう。

そして、自分は内気な方かもしれないし、人前で緊張気味になることがあるけれども、人づきあいを避けるということはなく、むしろ仲間づきあいには積極的な方だし、飲み会とかでは場を盛り上げる役に徹することもあるし、内向型ではないなと思うかもしれません。

でも、プロローグでも書いた通り、そう思っている人の中にも、じつは内向型がけっこう含まれているのです。

社会に適応するには外向型の行動を取る方が有利なため、本来は内向型でも、自分をある程度コントロールできる人は、無理をして外向的に振る舞っていることが多いからです。

円滑な社会生活を送っている人が、本当に外向型なのか、それとも外向型の行動を取る「隠れ内向」なのかの判断基準のひとつは、「人づきあいの場で無理をしている感じがあるか」どうかです。

みんなと楽しく過ごした後、みんなと別れてひとりで電車に乗ったとき、あるいは家に着いてひとりになったときに、ドッと疲れが出ることがある。

もしそうであれば、人といるときにはかなり無理をしていることになるので、**本来は内向型なのに外向型のように振る舞っている「隠れ内向」**である可能性が高いと言えます。

飲み会の後に自己嫌悪に苛まれる心理

飲み会の場で堅苦しいのはダメだ、型を崩して楽しくやらないとと思い、賑やかにはしゃぎ、場の盛り上げ役を買って出たつもりでも、帰り道でひとりになると、

「ちょっとはしゃぎすぎたかな」

「みんなひいてなかったかな」

「やりすぎて呆れた人がいたかも」

などと気になって仕方がない。そのような感じがある場合も、「隠れ内向」の可能性が高いでしょう。

もし外向型なら、高性能のアンテナが周囲に向けられているため、みんなの様子をみながら適度にはしゃぐことができるはずです。

それに対して、本来内向型の人の場合は、外向けのアンテナの性能が悪いため、まじめにしないといと思うと堅苦しくなりすぎたり、

型を崩さないとと思うとはしゃぎすぎたりと、さじ加減がわからず、ついやりすぎてしまうため、場にふさわしい振る舞いができず、自己嫌悪に苛まれることになります。

初対面の人との飲み会がおっくうなのは「隠れ内向」？

職場の仲間とうまくつきあっているし、お茶に誘われたり、飲みに誘われたりして人づきあいを楽しんでいるけど、よく知らない人ばかりの場では気をつかいすぎて疲れるから、知っている人がほとんどいないような懇親会には自分から進んで参加しようとは思わない。もしそうであれば、やはり「隠れ内向」である可能性が高いと言えます。

本来の外向型であれば、よく知らない人たちの前でも、その場の空気をうまく察知し、ごく自然に相手に合わせてかかわることができます。

「どんな話題を出せばいいんだろう」

「こんなことを言ってもおもしろくないかな」

などとあれこれ考えすぎて言葉数が少なくなったり、気をつかいすぎて心から楽しめなかったり、後になって、

「適切に振る舞えたかな」

「おかしなことを言わなかったかな」

と気になってしまったりするようだと、本来は内向型である可能性が高いでしょう。

思い当たるようだったら、あなたは「隠れ内向」かもしれません。以下の各項目を読みながら、自分自身を振り返ってみてください。

自分から「遊ぼ」と誘える子と、誘えない子

子どもたちが遊ぶのをみていると、ほのぼのしたメルヘンの世界を生きているように思ってしまいます。でも、自分自身の幼い頃を振り返ればわかるように、子どもたちは子どもたちなりにいろいろ悩みながら必死になって生きているものです。

とくに内向型の子は、幼い頃から周囲に馴染みにくかったりして、気苦労の多い日々を送りがちです。

外向型の子はだれにでも気軽に声をかけたり、「一緒に遊ぼう」と誘ったりしますが、内向型だと、

「声をかけて迷惑じゃないかな」

「断られないかな」

などと気にするあまり気軽に声をかけたり誘ったりできません。

友だちの側からしても、向こうから積極的に声をかけてくる子の方が好感がもて、親しみを感じるので、外向型の子はすぐに友だちができます。

自分から声をかけてこない子は、友だちからすればとっつきにくい感じがするため、内向型の子はなかなか友だちができません。

子どもの頃から外向型が得をし、内向型が損をする

外向型の子は、何も考えなくてもみんなに積極的に話しかけ、先生にも平気で話しかけるため、クラスにすぐに溶け込めるし、先生にもかわいがられます。

一方、内向型の子は、考えすぎてなかなか自分から声をかけられないため、クラスに溶け込むのに時間がかかります。

とくに先生に対しては身構えてしまい、外向型の子のように親しげに話すことができないため、先生からしても何を考えているのかわからないし、とっつきにくく感じてしまいます。

先生といえども、ふつうの人間なので、向こうから親しげに話しかけてくる子の方がつきあいやすく、かわいく感じてしまうでしょう。

このように外向型の子は幼稚園でも小学校でも新たな環境にすぐに馴染むことができ、友だちがすぐにでき、先生からもかわいがられます。そのため、内向型の子は外

向型の友だちを羨ましく感じ、自分もあんなふうになれたらいいのになあと思ったりします。

そこで、**モチベーションが高く、頑張ることができる子は、元々内向型であっても、外向型の子のように積極的に人とかかわるようになっていきます。**

「隠れ内向」が生まれる原点はそこにあります。

周囲の友だちとうまくかかわるため、クラスにうまく溶け込むために、思い切って友だちに声をかけたり、冗談を言って周囲を笑わせたり、ふざけることで距離を縮めようとしたり。どんな戦略を取るかは、その子の性格によって違ってきますが、いずれにしても無理をして外向型の子のように振る舞おうとします。

最初は無理をして頑張っているわけですが、そのうちに外向型のような行動パターンを自然に取れるようになり、自分が内向型であることを意識することがなくなってきます。「隠れ内向」の誕生です。

それでも、やはりどこかで無理をしているため、気疲れしてしまうのです。

おもしろい子が人気の時代

私たちの自己イメージは、人からどうみられているかに大きく依存しています。友だちから笑顔で声をかけられたり、一緒に遊ぼうと誘われたりすることが多ければ、「友だちから好かれている」「友だちが多い」といった自己イメージを抱くようになります。

友だちから声をかけられたり、遊びに誘われたりすることがあまりないと、「友だちづきあいが苦手」「友だちがあまりいない」といった自己イメージをもつようになります。

自分に自信がもてるかどうかも、身近に接する相手の態度次第ということになります。そのため、人からどうみられているか、どうみられそうかが気になって仕方ないのです。

人から好ましく思われていると感じられる経験が多ければ自信もつきますが、そうでないと自信がもてず、対人不安が強まります。

友だちができないという悩みを抱えて相談に来た若者は、人と話すのが苦手というほどではないのだけど、このところ自信をなくしていると言います。人を笑わせる自信がないと言うのです。

「おもしろいヤツって、みんなから好かれるじゃないですか。僕はどうも堅いところがあって、周りからもおもしろいヤツとは思われてません。それで、おもしろいことを言わなくちゃって思って、いろいろ言うんですけど、滑ってしまう。やっぱり僕っておもしろくないんですよ。こんなんじゃ、そのうちみんなから飽きられるかもしれない。もっと人を笑わせられることが言えるようになりたいんです」

このように語るのですが、口ベタな人間がいきなり饒舌な社交家に変身できるものではありません。

自分の性格に合った魅力の出し方があるはずなのですが、「こうみられたい」という理想の自己像が「おもしろいヤツ」であるため、苦しくなってしまうのです。

友だちがなかなかできず、友だちがほしいと思うのだけど、人から好かれる自信がないから、自分から声をかけることができない。無視されたり、拒否されたりしたら傷つくし、一緒にいて楽しいタイプじゃないと思うと声なんかかけられない。そんなときに、運良く声をかけてくれる同級生がいて、友だちになれた。そのときは嬉しかったのだけど、だんだん不安になってきたといって相談に来た若者もいました。
「友だちができたのは嬉しいんですけど、つぎに会うのが怖いんです。学校に行きにくくなって、ここ数日休んでいます。せっかく仲良くなっても、うっかり素の自分を出して、つまらないヤツだと思われてしまったら嫌ですから。だから気を抜けないし、どんなふうにつきあえばいいのか考えていると、すごく緊張するんです。で、会うのが怖くなってくる。こんなに疲れるんなら、やっぱり友だちなんていない方がいいと思ったりもします」

人からどうみられるかが気になって仕方ない。どんな自分を出せばよいのかがよくわからない。親しくなったからと気を許し、うっかり自分を出して、変に思われないか、つまらないヤツと思われないか心配になる。それで人づきあいの場から逃げ出したくなる。

これは極端なケースですが、ここまで極端ではなくても、そんな心理状態に追い込まれている人が少なくないようです。

コミュ力が低いとそれだけで、人として低くみられてしまう？

精神科医斎藤環は、社会学者土井隆義との対談の中で、若い世代のコミュニケーション偏重という風潮が気になっていると言います。

「コミュ力が高くないと人として扱ってもらえないという風潮が、いまやかつてないほどの水位になってしまっています。（中略）コミュニケーション偏重が行き過ぎて、ほかの能力（勉強ができる、スポーツができる、文才がある、絵の才能がある等）が承認の契機になりにくくなっているように思います」（斎藤環＋土井隆義「若者のキャラ化といじめ」『現代思想』２０１２年12月臨時増刊号）

さらに斎藤は、コミュ力の低い人物、端的に言って笑いの取れない人物は、それだけで人として低くみられてしまうという状況があるのではないかと指摘しています。

それに対して、土井も、

「大人たちがイメージするコミュ力とは、多種多様な人間たちと理解しあえる能力とか、自己表現を巧みにできる能力かもしれませんが、子どもたちにとってのコミュ力とは、じつはそういうものではなくて、場の空気を敏感に察知して自分だけが浮かない能力とか、場にあったキャラを巧みに演じ分けられる能力なのです。だからそこで躓いてしまうと、いじめのターゲットになりやすい」（同書）

とコメントしています。

学校で人気があるのは、昔のように勉強のできる子やスポーツのできる子とかでなくておもしろい子だというのは、ずいぶん前から言われ始めたことです。

たしかに今の若者たちをみていると、お笑いタレント中心に進行するバラエティ番組を再現するかのようなやりとりが目立ちます。みんなすぐに笑いを取ろうとし、その場全体が笑いに溢れています。

そこで中心的存在となるのは、おもしろいことが言える子、おもしろい反応ができる子、つまり「笑いが取れる子」ということになります。

そんな時代だからこそ、内向型の子は、周囲に溶け込むため、周囲からの承認を得るために、コミュ力を高めておもしろいことを言わなくては、笑いを取れるようにならなくてはといったプレッシャーにさらされ、無理して受け狙いの冗談を飛ばしたりするようになります。

社会的成功のためには外向的に振る舞えと言われる

学校時代に人気なのがおもしろい子だとして、社会に出てから必要とされるのは、コミュニケーション力があり、積極的で、チャレンジ精神があり、フットワークが軽く、行動力のある人物ということになります。

そのため、社会に出るに当たっては、コミュニケーション力を磨き、人脈づくりに励み、自己アピールもしっかりできるようにと言われます。だれとでも遠慮なく話すことができる人物が好まれ、たいした根拠がなくても積極的な自己アピールをする人物が報われたりもします。人見知りしたり、社交は苦手だと言ったり、自己アピールは見苦しいなどと言ったりしていたら、なかなか自信をもって社会に出て行けません。

これでは、明らかに内向型は不利です。

学校の授業でもプレゼンテーションのスキル磨きをする時代です。自分の考えを人

にうまく伝えるスキルを学ぶ以前に、中身の充実のためにいろいろじっくり勉強しながら考えたいなどと言っていたら、時代の流れから取り残されてしまいます。

　フットワークの軽さやチャレンジ精神が推奨される時代に、慣れないことに躊躇したり、見通しを立てるためにじっくり考えたり、不安解消のために用意周到に準備したりしていると、行動が遅れがちになり、まるで無能のようにみなされかねません。

ノリの良い人物が好まれ、ときには、無責任に軽口を叩いたり、何の見通しもなく安請《う》け合いしたりする人物が重宝がられ、評価されたりします。

　コスパなどという言葉が堂々と口にされ、スピードや効率が重視される時代に、誠実な仕事や質の高い仕事、ていねいな仕事にこだわっていたら、足手まといのような立場に追い込まれかねません。

そこで、**有能な内向型は、あたかも外向型であるかのように、コミュニケーション力を発揮し、適度に社交をし、適度に自己アピールもし、プレゼンテーションスキルを磨き、フットワーク軽く行動し、未知のことにも積極的にチャレンジし、スピード重視で仕事に取り組もうと**します。

それによって社会適応が促進され、仕事も職場の人間関係もスムーズにいきますが、自分の繊細さや慎重さ、用意周到さ、人間関係や仕事への取り組み姿勢にかかわる価値観を棚上げしているため、**どうしても無理していることのストレスがかかり、心の中に疲労感が漂います。**

自分は内向型だと思うと引け目を感じる

このように社会適応のためには外向型の方が有利なため、内向型の人はどうしても引け目を感じがちです。

「あなたは人見知りで引っ込み思案なのね」

と言われるより、

「あなたはとっても社交的ね」

と言われる方が、なぜか気分が良かったりしませんか。

「あなたは何に対しても不安がちで消極的なのね」

と言われるより、

「あなたは何に対しても不安がなく積極的なのね」

と言われる方が、肯定されている感じがするでしょう。

「あなたは動き出すまでに時間がかかるのね」

と言われるより、

「あなたはフットワークが軽いのね」

と言われる方が、得意げな気持ちになりませんか。

このように外向型であることが良いことのような価値観が世の中に広まっているために内向型の人は肩身の狭い思いをしがちです。

そのため、元々内向型の人も、極力外向型のように振る舞おうと必死に頑張ってしまう。いわゆる「隠れ内向」として生きるようになります。


でも、ひとつひとつの性質には、良い面もあれば悪い面もあることを忘れてはいけません。

人見知りというのは、馴染みの相手とは遠慮なくつきあえるということでもあります。社交性も行きすぎると、表面的なつきあいが多く、心から親密につきあう相手とみなされないこともあり得ます。

不安がちなのは悪いことのように受け止められがちですが、不安だからこそ用意周到に準備し、より完成度の高い仕事をすることにもつながります。逆に不安がないと、積極的に動けても、準備不足でいいかげんな仕事になってしまうこともあります。

動き出すまでに時間がかかるというのは、慎重だということです。逆に、フットワークが軽いというのは、よく考えず軽率ということにもつながります。

こうしてみると、自分が内向型であることに引け目を感じる必要はなく、内向型の利点に目を向けることが大切だとわかるでしょう。それについては第6章で詳しくみていきます。

ひとりでエネルギー補給していると「ぼっち」と蔑まれる

人とずっといると疲れるし、昼休みくらいはひとりでのんびり寛ぎたいと思っても、社員食堂でひとりで食べていると、なんでわざわざひとりでいるんだろうと不思議に思うようで、

「いつもひとりだね。友だちいないんじゃない」

と陰で言われたりします。

それが嫌でひとりで外に食べに出ても、同じようなことを言われてしまいます。

仕事時間はずっとみんなと一緒にいないといけないから、せめて昼休みくらい外に出て、ひとりで喫茶店で寛いだり、天気が良ければ散歩したりして、気分をリフレッシュしたいのに、「ぼっち」とみなされ、陰口を叩かれているかと思うと、ひとりでいても心から寛ぐことができません。

ひとりでいると「ぼっち」と言われ、友だちがいない寂しいヤツとみなされる風潮

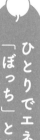

は、すでに学校時代からみられます。

ひと頃、大学生の「便所飯」が話題になったのを覚えている人もいるかもしれません。ひとりで学食に入るのはみっともない。友だちもいない孤独なヤツとみなされる。それで学食に入れなくなる。弁当を買って食べるにも、教室や庭のベンチでひとりで食べているのをみられると、やはり孤独なヤツとみられてしまう。そこで、だれにもみられないようにトイレの個室で弁当を食べる。これがいわゆる便所飯です。

都市伝説なのか、ほんとうにそこらじゅうで実際にあったことなのか、真偽のほどはわかりません。私が勤務する大学のトイレでもときどき空の弁当箱をみましたが、いたずらかもしれません。ただし、いずれにしても、そうした話題が出るほどに、「ひとりでいるのはかっこ悪い」といった感受性が若者の間に広まっているのは事実と言ってよいでしょう。

実際、連れがいないから教室に入れない、学食に入れない、ということで不登校気味になる大学生が問題になり、そうした学生と一緒にお昼に弁当を食べてあげるカウンセラーを雇う大学さえ出てきたほどです。

そうした感受性は、今でも若者の間に広くみられます。

たとえば、昼休みには、一緒に昼食を食べに行く相手を確保しないと気持ちが落ち着かない。社員食堂に行くにも、外に食べに行くにも、いつもだれかと連れだって動く。

そのような人は、

「ひとりで食べるなんてみじめだ」

「友だちもいない孤独なヤツみたいにみられてかっこ悪い」

といった思いを密かに抱えているはずです。

そのため、いつもだれかと連れ立って動くことになります。いつもの連れが休みだったり、外回りでいなかったりすると、他の部署の同期に声をかけるなどして、何としてもひとりになるまいと必死です。

SNSが「ぼっち恐怖」を助長する

このような「ひとりはかっこ悪い」という感受性を助長しているのがSNSです。

今どきの学生は、入学前にすでに同じ学校の合格者同士がSNSでつながり、入学式の日には最寄りの駅で待ち合わせ、連れ立って登校することが多いようです。

入学式のときから、早くも「ひとりはかっこ悪い」といった感受性に脅かされ、一緒に登校する連れを必死になって探そうとします。初めての登校日にはまだ知り合いがいなくて当然なのに、ひとりでいるのは友だちもいないみたいでみじめだといった感受性に縛られているのです。

会社でも同じです。入社前からすでに内定者同士がSNSでつながり、内定式の日には最寄り駅で待ち合わせて連れ立って内定式会場に出かけたりします。入社式も同様です。出遅れたら大変だと必死になって仲間をつくり、つながろうとします。

それほどまでにひとりになることを恐れ、「ぼっち」とみなされることを怖がるのです。
では、そのように必死になって手に入れた仲間とのつながりに満足しているのかと言えば、けっしてそうではありません。とくに深くかかわっているわけではないので、なかな

か信頼関係が築けません。

従来のように、日常的にかかわる中で、気の合う相手・合わない相手、とくに価値観が似ている相手・異なる相手といったフィルターで徐々にふるいにかけて選ばれた相手というわけではなく、とりあえずつながろうといった感じの即席の友情であるため、気を許せる親しい相手でないことが多いものです。

そのようなかかわりを維持するのは、内向型にとっては大いにストレスになるはずです。でも、「ぼっち」とみなされないように、無理をしてつながりを積極的につくっていくしかない。そんな心理状況に追い込まれがちです。

内向型は場所によって別人になってしまいがち

前述したように、内向型というと口数が少なくおとなしい人物をイメージするかもしれませんが、必ずしもそうではありません。

外向型が新たな場にもスムーズに溶け込むことができるのに対して、慣れない場に溶け込むのに時間がかかるのが内向型の特徴です。

つまり、内向型は、慣れた場では普段通りに自由に振る舞えるのです。

外向型の場合は、よく知らない人たちとの場でも、気心の知れた友だちとの場にいるときと同じように、ごく自然に接することができます。

それに対して、内向型の場合は、多くの友だちには気をつかうものの、とくに気心の知れた友だちといるときは落ち着いて寛いだり、冗談を言って笑わせたりと、ごく自然に接することができます。でも、よく知らない人たちの前ではどう振る舞ったらいいのだろうと緊張し、借りてきた猫のようにおとなしくなってしまいます。

つまり、**内向型の場合は、馴染みの人たちといるときと、よく知らない人たちといるときでは、まるで別人のような様子を示す**ことになります。

慣れない場ではガチガチに緊張しておとなしいのに、馴染みの場では非常に賑やかで、バカなことを言って周囲を笑わせたりする人もいます。内向型だからおとなしいとか暗いといったことではありません。

このように内向型には、馴染みの場と馴染みのない場では様子がまったく異なるといった特徴があり、場によって別人のような印象を与えがちです。

飲み会で周囲が引くほどはしゃぐ人は、じつは内向型？

そしてもうひとつ、**内向型には場にふさわしい行動を取るのが苦手という特徴**もあります。

この章の冒頭でもコンパなどで場を盛り上げようとして、ついやりすぎて帰り道で自己嫌悪に陥る事例を出しましたが、みんなの前でめちゃくちゃ羽目を外し、周囲がやや引いてしまっているような場合、その羽目を外しすぎている人物は、周囲から内向型とは思われていないかもしれませんが、内向型である可能性が高いでしょう。それは、「隠れ内向」によくみられる特徴のひとつです。

内向的な傾向のある人は、飲み会のような、とくに親しい友だち以外の人たちも集まる場では、どう振る舞ったらよいかわからず、とても緊張してしまいます。でも、飲み会のような場で堅苦しい感じでいるのはよくない、適度に軽いノリではしゃがなくてはと思うのです。

ところが、その「適度」というところのさじ加減がわからないまま頑張ってしまう

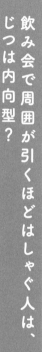

結果、周りの人たちが引いてしまうほど羽目を外しすぎてしまうのです。

外向型なら、まじめにしないといけない場では堅苦しくならない程度にまじめに振る舞い、飲み会のような場では適度に型を崩すなど、その場その場にふさわしい自分を出すことがごく自然にできます。

こうしてみると、内向型だからといってけっして常に堅苦しくおとなしいわけではないことがわかるでしょう。

現代は内向型の価値が軽視されている

今の時代、内向的傾向のある人は、けっこう生きづらさを感じているはずです。

消費社会がどこまでも進展していて、仕事をするにも、消費者や取引先あるいは客のニーズを素早くキャッチして、うまく対応するようにと言われます。

何かにつけてスピードが重視され、グズグズせず、考えすぎずに、フットワーク軽く動くようにと言われます。

遠慮などしていたら競争に負けるから、積極的に自分を売り込むようにとか、自己アピールの仕方を工夫するようにとか言われます。

どう見せるかが大事なのだといって、プレゼンテーションのテクニックを磨くように言われます。

人脈を活用することが大切だとされ、人脈づくりのために、引っ込み思案にならずに社交に励むようにと言われます。

このようなことは、まさに外向型が得意とするところであって、内向型はなかなかうまくできません。というよりも、そのような考え方に抵抗があります。

物事をじっくり考えることが大切なのに、あまり考えずにフットワーク軽く動く人物をみていると、もう少し慎重になった方がいいのではないか、大丈夫だろうかと心配になってしまいます。

自己アピールばかりする人物をみていると、そんなことより知識を蓄え実力を磨くことの方が大切なのにと思い、とても真似をする気にはなれません。

プレゼンテーションのテクニックにばかり凝っている人物をみていると、見せかけばかり気にしているけど、大事なのは中身だろうに、そこを疎かにして見せかけをいくら工夫したところで、薄っぺらいプレゼンテーションにしかならないと思ってしまうため、プレゼンテーションのスキルはそこそこでいいと思うこともあります。

仕事をうまく進めるには人脈が大事だと言われるたびに、そんなふうに自分の仕事に役に立つかどうかでつきあう相手を選ぶのは、とても寂しい考え方ではないかと思ってしまいます。社交や人脈より、親交や信頼関係を大切にする内向型人間としては、利用価値で相手を選ぶようなつきあい方には抵抗があります。

本来、丹念な仕事、誠実な仕事が日本人の特徴だったのに、スピード重視、コスパ重視、見せかけ重視といった風潮の中で、雑な仕事、いいかげんな仕事が目立つようになったことが気になって仕方ありません。その意味でも、内向型の価値を見直す時機にきているのではないかと思います。

内向型は恥ずかしいことじゃない

このようにみてくると、自分が内向型であることを恥ずかしく思う必要などまったくないということがわかるでしょう。

出来事がどのように進行しているかに着目する外向型に対して、内向型は自分がどう受け止めたかに着目します。

みんながどうしているかを素早く察知して同調する外向型に対して、内向型は自分はほんとうはどうしたいのか、どうすべきなのかにこだわります。

絶えず自分自身を振り返り、自分がどう受け止めたか、自分はどう思っているのか、自分はどうしたいのかをじっくり考える姿勢は、自分らしい生き方を実現していくうえで、とても大事なものと言えます。

社会が成熟し、ただ食べていくために働くというだけでなく、どうせなら自分らしく生きたいという人が多くなっています。

そんな時代だからこそ、内向型の価値に目覚める必要があるのではないでしょうか。


前項でも指摘したように、ともするとスピードやフットワークの軽さが重視されがちですが、そうした動きに軽薄さや危うさを感じる内向型の感受性は貴重です。

プレゼンテーションのスキルを磨くなど見せかけばかりを重視する動きに胡散臭さや物足りなさを感じ、中身の充実に目を向けようとする内向型の姿勢こそ、ほんとうの成長につながっていきます。

定年後に人がみんな去っていったと嘆く人がいますが、それは自分の仕事に役に立つ人脈かどうかという視点に立ってつきあってきたつけが回ってきたとも言えるでしょう。

人脈を求めて広く浅くつきあうことを虚しく思い、狭くても深いつきあいを求める内向型だからこそ、利害を超え、深い信頼関係に結ばれた生涯の友を得ることもできるのです。

効率性やコスパを追求するなんてつまらない、仕事の質にこだわりたい、コスパを考えて手を抜いたりしたくないという内向型の姿勢は、不器用と言われるかもしれませんが、それこそが職人技に象徴される日本が誇るべき働き方ではないでしょうか。

内向型の価値については、改めて第6章で取り上げますが、内向型であることをけっして否定的にとらえる必要がないことがわかるはずです。

第4章

HSPの多くは内向型

繊細さに悩むHSP

ここまで読み進めてきた人の中には、

「これって最近話題になったHSPのことじゃないの？」

と思う人もいるはずです。

アメリカの心理学者アーロンによって提唱されたHSP（Highly Sensitive Person）とかHSC（Highly Sensitive Child）という概念が、数年前から一般の人々の間に広く知られるようになりました。

そのきっかけとなったのが『「気がつきすぎて疲れる」が驚くほどなくなる「繊細さん」の本』（武田友紀著・飛鳥新社）という本です。HSPを共感を得やすい呼び方に言い換えたことで、多くの人が身近に感じたのでしょう。

HSPに関する本が多くの人の関心を引いたということは、ちょっとしたことがすごく気になってしまい、不安になったり落ち込んだり悩んだりする人、つまり「自分は繊細すぎてつらい」「この繊細すぎる性格、何とかできないものか」と思っている人が、日本には非常に多いことを意味します。

HSPというのは、人に対する繊細さや、音や光などに対する敏感さによって特徴づけられる人のことで、その子ども版がＨＳＣです。

4人に1人が子どもの頃から繊細さを抱えている

アメリカやイギリスで行われた調査によれば、**HSP（あるいはHSC）は全人口の20〜30％いる**と推定されます。つまり、概ね４人に１人がＨＳＰに相当するというわけです。

日本人と比べて、アメリカ人には繊細さに欠ける人が多い印象だし、繊細すぎる人がそんなにいるとは思えないという人もいるかもしれません。でも、「自分は繊細すぎる」と思うかどうかは周囲との比較に大いに左右されます。ゆえに、アメリカでは「自分は繊細すぎる」と感じる人が、日本に来たら「周りの人たちは繊細すぎる」と感じるようになる。そのようなことも十分あり得ます。

アーロンは、ＨＳＰの７割は内向型だと言いますが、このような過敏で繊細な性質と内向型の性質はかなり重なります。

では、ＨＳＰとはどのような心理傾向を指すのでしょうか。つぎにそれをみていきましょう。

ＨＳＰの４つの心理的特徴

アーロンは、ＨＳＰの特徴として、ＤＯＥＳの４つをあげています。

Ｄ（Depth of processing）は、深い情報処理をする心理傾向を指します。行動する前に物事をじっくり観察しながら考えるため、行動を起こすのに時間がかかります。行動を起こすのが遅いといって周りの人を苛立たせてしまうのも、じっくり検討してからでないと行動に移せないからと言えます。

Ｏ（Overstimulation あるいは Overarousal）は、過剰に刺激を受けやすい心理傾向を指します。

刺激に対して過敏なため、とくに過敏でない人は何も気にならないのに、苦痛を感じたり、興奮したり、気になって仕方なかったりします。そのせいで人一倍疲れてしまいます。楽しいはずのイベントや旅行でさえ、いろいろ気になることが出てきてストレスを感じ、疲れてしまいます。

E（Emotional reactivity and Empathy）は、感情反応が強く、共感性が高いといった心理傾向を指します。

とくに感情面で強く反応しやすいため、ちょっとしたことで落ち込んだり、心の痛みを感じたりしやすいということになります。感情面での過敏さは、他人の感情面に対する過敏さにも通じるため、他人の気持ちや心の痛みがよくわかるという意味での共感性の高さにもつながります。

S（aware of Subtle Stimuli あるいは Sensitivity）は、些細なことにもよく気づく心理傾向を指します。

感覚面の感受性がとくに強いため、他の人が見逃すような些細なことにもよく気がつきます。音や光、あるいはTシャツの首の後ろのタグの触覚が気になってたまらないというように物理的刺激に過敏なのもＨＳＰの特徴ですが、人の声の調子のちょっとした違いや表情の動きに気づくというような感受性の強さもあります。これはＥの共感性にも通じるものです。

内向型と外向型の心理的特徴

ここで改めて内向型と外向型の心理的特徴についてまとめてみましょう。

内向型というのは、心的エネルギーが自分の内側に向かうことで、自分自身への関心が強く、内面とのふれあいが豊かで、自分の内面で生じている主観的な出来事を重視し、そうした主観的要因を基準に行動するタイプと言えます。

心理学の研究では、内向型は注意を向ける対象の切り替えが難しいことが示されています。逆に言えば、物事に集中しやすいということでもあります。

自分の内面の思いに意識が向きやすいため、ネガティブな出来事を経験すると、それによって喚起されるネガティブな感情から抜け出しにくくなってしまいます。それによって落ち込みやすいといったことも起こってきます。

何をするにも、まず自分がどう感じ、どう考えるかが大事で、他人の意向や世間の風潮などに迎合することには抵抗があります。

外的世界の動きをとらえるのが苦手で、周囲の人たちに対して身構えるようなところがあるため、現実社会への適応に苦労することになります。

そのような内向型にとって、他人や社会は得体の知れない不気味なものといった感じもあり、不安や不快を感じがちで、緊張せず自由に振る舞えるのは、よく馴染んだ場に限られます。

そのため、つきあう人の範囲は、内的世界を共有できるごく親しい少数の友人に限られ、それ以外の人たちとのつきあいは極力避けることになります。

得体の知れない他人が集まる社交の場は苦手で、どう振る舞ったらよいか、どうかかわったらよいかがわからず、プレッシャーがあり、居心地が悪いため、楽しいはずの場が気をつかうばかりでけっして寛げなく不安で気を張り詰める場になります。そうした経験を重ねた結果、前章で書いた通りパーティや懇親会があると思うと気が重く、どうしても欠席しがちになります。

外向型というのは、心的エネルギーが自分の外側に向かうのが特徴で、周囲の人や出来事への関心が強く、周囲の期待や自分の置かれた状況、世間の動きをうまくとらえ、そうした外的諸条件を基準に行動するタイプと言えます。

心理学の研究でも、**内向型より外向型の方が、周囲の刺激に対して能動的に注意機能を発揮し、注意機能に関する課題の成績が良い**ことが示されています。

また、**内向型が特定の刺激に注意を集中すると他の刺激に注意を切り替えるのが難しいのに対して、外向型は注意する対象の切り替えがうまくできる**ことも示されています。

何をするにも、外向型にとってまず第一に重要なのは、自分は周囲からどうすることが期待されているか、この状況でどう振る舞うのが適切かといった外的諸条件です。自分がほんとうはどうしたいのかはあまり重視されません。

そうかといって自分の気持ちを無理に抑えつけているという感じではありません。心が自分の外の現実世界の出来事に開かれている代わりに、自分の内面世界に対しては閉ざされているため、自分自身の欲求や感情にあまり気づいていません。

ゆえに、自分のしたいようにしているつもりでも、じつはそれが他人の意向や時流の反映になっており、外的な条件に制約されたものになっていたりします。

外向型
気さく
迎合的
くよくよしない
どんな状況にも
すばやく適応する
やや軽薄な
ところも
内向型
もじ
もじ
ためらいがち
内省的
受け身
引っ込み思案で
心を開かない
人見知り
遺伝によって決まっている部分が大きい
つかれるなあ…
どうみても
外向型なのに
実は気質的に
内向型という人も。
実は内向型
＝
隠れ内向

こうした姿勢は、当然のことながら社会的適応を促します。周囲の動向を敏感にキャッチし、ごく自然にそれに合わせることができるので、周囲とのあつれきも少なく、だれとでもうまくやっていけます。

どんな場にもうまく溶け込むことができ、どんな人物にもうまく合わせることができるため、とても社会適応の良好なタイプと言えます。

ただし、自分の内面にうごめく主観的なものを無視して周囲に同調しているため、それが行きすぎると、自分がほんとうはどう感じているのかがわからない、どうしたいと思っているのかがわからないというように、自分自身を見失うことにもなりかねません。

こうして、内向型では社会的不適応の問題が生じがちなのに対して、外向型では社会への過剰適応の問題が生じがちです。

そのような外向型にとって、自分というのはよくわからない不気味な存在といった感じになり、得体の知れない自分に向き合うことは不安を喚起します。

そのため、他人に得体の知れない不気味さを感じる内向型がよく知らない人たちとのつきあいを極力避けようとするように、自分自身の内面に得体の知れない不気味さを感じる外向型は多くの人たちとのつきあいの中に埋没することで自分自身の内面と向き合うのを避けようとします。

このように内向型は独自な内的世界とのつながりが強く、思考の深さに特徴があり、外向型は外的世界とのつながりが強く、行動範囲の広さと行動の早さに特徴があります。

こうしてみると、やはりＨＳＰと内向型はかなり重なると言ってよいでしょう。

内向型やＨＳＰの人がもつ知られざる強み

アーロンは、他の人が気にしないような些細なことも気になり、ストレスを溜め込んでしまうＨＳＰの特徴について、つぎのような例をあげています。

「大半の人は、サイレン、まぶしい光、変なにおい、乱雑な状況をやり過ごせるが、ＨＳＰはそうではない。

大半の人は、一日中ショッピングモールや博物館を回って疲れていても、夜にパーティがあると言われれば参加できるが、ＨＳＰはひとりの時間がほしくなる。気分が高ぶりすぎて混乱してしまうのだ。

大半の人は、部屋に入ると家具やそこにいる人たちに目を留める程度だが、ＨＳＰはそこにいる人たちの望みや、気分、好意や敵意、風通しのよさや、空気のよどみ具合まで即座にキャッチし、花を生けた人の性格にまで思いを馳せる」（Ｅ・Ｎ・アーロン著　片桐恵理子訳『敏感すぎる私の活かし方』パンローリング株式会社）

この中の真ん中の事例が、とくに内向型と重なる心理傾向のように思えます。それ以外にも、内向型と重なる心理傾向が多くみられますが、アーロンがあげるＨＳＰの特徴をもとに、私がカウンセリングをしたり意識調査をしたりした経験を加味し、内向型やＨＳＰの強みに引きつけてみていきたいと思います。

①失敗を避けることができる

不安が強く、何かをするに当たって用意周到に準備を行い、これでよいかどうか何度も確認するため、失敗を避けることができます。行動に取りかかるのが遅いというのも、しっかり考えてから行動に移すためと言えます。

②物事に集中することができる

ちょっとしたことで動揺することもありますが、落ち着いた状況においては、自分の内的世界に没頭し、今していることに対して集中力を発揮することができます。さまざまな活動に興味を示すことがない分、特定の事柄に没頭しやすいと言えます。

③経験から学ぶことができる

情報処理のレベルが深く、過去の経験と照らし合わせるなど物事をじっくり検討するため、経験が記憶の中に深く刻まれ、それを将来に活かすことができます。また、出来事に過敏に反応し、たとえば失敗などにより気持ちが大きく動揺するため、同じ失敗を繰り返さないですみます。

④自分の言動について内省し、改善することができる

周囲の反応を過度に気にするなど、自分の言動が適切だったかをどうかしょっちゅう気にして反省する習慣があるため、周囲の反応をもとに自分の言動を改善していくことができます。

⑤他の人の気持ちに配慮することができる

周囲の人の気持ちに敏感に反応し、人の気持ちに対する共感性が高いため、自分勝手な行動ではなく、人の気持ちに配慮した行動をとることができます。

⑥慣れた環境のもとで力を発揮することができる

刺激に対して過敏なため、新たな環境は刺激が多すぎて疲れますが、逆に馴染んだ環境では落ち着いて力を発揮することができます。すぐに飽きてしまい新たな刺激を求める人たちと違って、慣れた場でじっくり腰を据えて活動することができます。

内向型と外向型は、脳の機能に違いがある

内向型・外向型という性格のタイプ論を打ち立てたユングは、内向型であるか外向型であるかは遺伝によって決まっていると直観的に言いましたが、その後の研究により、**内向型と外向型では脳機能に違いがある**ことが指摘されています。

内向型の脳は刺激に対して非常に過敏であり、外向型の脳は刺激に対して鈍感なところがあるというのです。**刺激に過敏な内向型の脳は極力刺激を避けようとし、刺激に鈍感な外向型の脳は貪欲に刺激を求めます。**

内向型の特徴として、馴染みのない新たな環境が苦手、知らない人たちとのやりとりが苦手ということがありますが、馴染みのない環境や知らない人は新奇な刺激に満ちていて、気をつかいすぎて疲れてしまうのです。

刺激に対して敏感すぎる結果、「もう刺激はいらない」という感じになり、刺激を避けようとするわけです。

一方、外向型の特徴として、馴染みのない環境にも臆することなく飛び込み、知らない人とも平気でかかわることができ、目新しい環境や出会いを積極的に求めるということがありますが、日常生活の刺激では物足りないため新たな刺激を貪欲に求めようとするのです。

刺激に対して鈍感すぎる結果、「もっと刺激がほしい」という感じになり、刺激を積極的に求めるわけです。

遺伝要因も強く関係している

内向型であるか外向型であるかに遺伝要因が強く関与していることは、行動遺伝学的研究によっても実証されています。そこでよく用いられるのが双生児研究法です。

双生児研究法というのは、一卵性双生児の類似度と二卵性双生児の類似度を比較することで、遺伝規定性の強弱を知ろうというものです。

一卵性双生児は、ひとつの受精卵から2つの個体が誕生したため、遺伝子型は100％共通と言えます。それに対して、二卵性双生児は、別々の受精卵が育ったものであるため、きょうだいと同じく遺伝子型に違いがあり、50％程度が共通と考えられます。

そこから、一卵性双生児にみられる違いは環境要因によるもの、二卵性双生児にみられる違いは遺伝と環境の両要因によるものということになります。

したがって、何らかの特性に関して、一卵性双生児の類似度が二卵性双生児の類似度を大きく上回っていれば遺伝規定性の強い性質、両者の類似度にあまり差がなければ遺伝規定性が弱く環境の影響を受けやすい性質と言えます。

この双生児研究法を用いた行動遺伝学的研究により、身体的特性や多くの病気に遺伝要因が強く関係していることが示されていますが、知能や学業成績、パーソナリティ特性など心理的性質にも遺伝要因が強く関係していることがわかってきました。

たとえば、外向性に関する双生児対間の相関（双生児ペアの類似度をあらわす指標）は、1万2777組の双生児を対象とした研究では一卵性0・51、二卵性0・21、2903組の双生児を対象とした研究でも一卵性0・52、二卵性0・17となっており、いずれも一卵性の相関係数の方が2倍以上の大きさであり、遺伝規定性の強さを示しています。

このように内向型であるか外向型であるかには遺伝要因が強く絡んでいることが双生児を用いた研究から明らかです。

さらに、遺伝子に関する研究により、外向型の心理特性に関係すると考えられる新奇性を好む性質と神経伝達物質ドーパミンとの関係が示唆されています。新奇性を好む性質とドーパミン受容体遺伝子の配列タイプとの関連が報告されているのです。

ここからも、内向型であるか外向型であるかに遺伝要因が強く関係しているのは間違いないと言ってよいでしょう。

日本人には繊細で不安傾向の強い人が非常に多い

日本人には細かなことを気にする神経質な人が多いと言われます。

たしかにアメリカ人などをみていると、あまりに大雑把でのんきな人が多いように感じます。

そうした印象が間違っていないことは、科学的研究によって明らかになっています。

神経症傾向（神経質な心理傾向）に関する双生児を用いた行動遺伝学的研究では、外向性（内向性）の場合と同じく、1万2777組の双生児を対象とした研究では一卵性0・50、二卵性0・23、2903組の双生児を対象とした研究でも一卵性0・50、二卵性0・23となっており、いずれも一卵性の相関係数の方が2倍以上の大きさであり、遺伝規定性の強さを示しています。

このように神経症傾向に遺伝要因が関係していることは明らかですが、遺伝子に関する研究から、神経症傾向と神経伝達物質セロトニンのトランスポーター遺伝子との間に関連があることが示唆されています。ＨＳＰの遺伝要因に関する研究でも、刺激に対する過敏性がセロトニンのトランスポーター遺伝子と関係していることが指摘されています。

そして、不安傾向の強さと関連するとされるセロトニンのトランスポーター遺伝子の配列タイプをもつ人が、日本人には非常に多いことがわかっています。

また、新奇性を求める傾向と関連するとされるドーパミン受容体遺伝子の配列タイプをもつ人は、アメリカ人には多いのに日本人にはほとんどいないこともわかっています。

このように日本人には繊細で不安傾向の強いタイプ、いわゆるＨＳＰ、あるいは内向型が多いと言ってよいでしょう。

もちろん、これは統計的な話であって、アメリカ人にも繊細で不安の強い人物もいるし、日本人にも繊細さも不安もない人物がいるのは、言うまでもありません。

第5章

内向型にありがちな悩みとその対処

この章では、内向型の人にありがちな悩みとその対処法について解説していきます。

これまでの章で、ささいなことで疲れてしまうのは「隠れ内向」だからかもしれないということを指摘し、その心理的特徴について解説してきました。もしかしたら自分も「隠れ内向」ではないかと思いながら、この文章を読んでいる人もいるのではないでしょうか。

内向型の人の悩みは、「隠れ内向」の人の悩みでもあります。ゆえに、「隠れ内向」の人も、これからあげていく悩みに心当たりがあるはずです。さらに言えば、典型的な内向型と違って、無理して外向型のように振る舞おうとしているため、そのストレスが加わり、ここで示す悩みをよりいっそう強く感じることがあるかと思います。

そのようなことを念頭において、自分自身を振り返りながら読んでみてください。

シーン
1
会議などでなかなか発言できない

内向型の特徴として、第1章でも触れたように、会議などでなかなか発言できないということがあります。

意見にしろ質問にしろ何か発言しようとすると、

「的外れな発言にならないかな」

「こんな質問、くだらないって思われないかな」

「どういう言い方したら角が立たないかな」

など、あれこれ考えすぎて、発言のタイミングを逸するのです。

また、非常に繊細で過敏な内向型は、自分の発言に対してどんな反応があるかと思うだけで極度に緊張し、心臓がバクバクしてきて、覚悟を決めるまでに時間がかかります。


会議で発言できなくて困るという人は、つぎのような悩みを口にします。

「仕事はけっこうできてる方だと思うんですけど、会議とかになるとまったく発言できないんです。周りの人たちは堂々と自分の意見を言ったり、質問したり、積極的に発言しているのに、私は何か言わなくちゃと思うだけで緊張してしまい、結局何も言えずに終わっちゃうんです。言うことを頭の中で反芻《はんすう》しているうちに、話題が他に移ってしまって、発言のタイミングを逃しちゃうんです。これじゃ、まるで何も考えてないみたいで、無能みたいにみられてるんじゃないかって思うと、自分が情けなくて……」

みんなで議論している内容が理解できず、議論についていけないとか、発言すべき内容を何も思いつかないというなら問題です。業務内容や社内事情について勉強し直す必要があるでしょうし、最近の社会情勢について自分なりの見解をまとめてみる練習をするのもよいでしょう。

でも、多くの内向型の人の悩みは、この事例のように、発言すべき内容は頭の中にちゃんとあり、自分でも言いたいと思っているのに、あれこれ気にしすぎて発言のタイミングを逸してしまうというものです。

なぜ言うべきことが頭の中にあるのに言えないのか、外向型の人にはわからないでしょうが、そこに内向型の心理的特徴が顕著にあらわれているのです。それは「自意識の強さ」と「完全癖」です。

場違いな発言やくだらない発言で呆れられたくない。見当違いの発言やパッとしない発言でバカにされたくない。どうせなら的確で鋭い発言をしたい。そうした心理が働くため、容易に発言できなくなってしまうのでしょう。

対処「人はそれほど他人を気にかけていない」と気楽に考える

でも、人はそれほど他人のことを気にかけてはいないものです。そんな余裕はありません。それに会議というのはみんなで知恵を出し合う試行錯誤の場です。完璧な意見などというものがあったら議論する余地がなくなってしまいます。

さらに言えば、あまりに鋭い発言などをしたら、とっつきにくい印象を与え、敬遠されてしまいかねません。ちょっと抜けている方が親しみを感じさせます。

もっとも、冷静に観察してみればわかることですが、「鋭い！」と唸《うな》らせるような発言など滅多にありません。けっこうみんなどうでもいいような発言をしているものです。ただその場の思いつきを口にしているだけです。

説得力のスキルを形だけ身につけた人物が、

「私は、その提案に賛成です。その理由は……」

などと結論から始めたり、

「その議案に関して、3つばかり疑問に思うことがあります。まず第1に……」
というように論点の数を先に明示したりすると、いかにも説得力ある発言であるかのように感じがちですが、よく吟味《ぎんみ》しながら聴いていると、べつにたいしたことを言っていないことが多いものです。

急に意見を求められても、慌てることなく即座に無難な発言をすることから、よく指名される人がいます。でも、そのような人物の多くは、問題点を整理したり、問題の難しさを言い換えたりするくらいのことしかしていないものです。もっともらしい口調が雰囲気的な説得力をもたせているにすぎません。

ゆえに、周囲を唸らせるような鋭い意見や質問をしなければなどと意気込む必要はさらさらありません。どんな発言をしても、人の頭の中に刻まれるようなことは滅多になく、すぐに忘れ去られるだけです。直近の会議を思い出してみてください。誰がどんなことを言ったかなど、いちいち覚えていないでしょう。だから何でも思いつくことを言えばいいのです。

でも、無理して発言する必要もありません。べつに鋭い質問で周囲を唸らせたいとも思わないし、こんな会議で自分の意見を通したいとも思わないという場合もあるでしょう。組織での上昇志向の乏しい内向型は、会議で存在感を示したいとは思わないものです。

それならば、無理に発言しようと焦る必要はないし、発言できないからといって落ち込む必要もないでしょう。人間観察を楽しむつもりで、議論好きの人たちのお手並み拝見といった感じで楽しんだらどうでしょう。

自分の生きがいもこだわりもこんなところにはないのだからと、気楽に構えることです。それとともに、人は他人のことをそれほど気にかけてはいないものだし、そんな気持ちの余裕もないということも、頭に入れておきましょう。

シーン
2
異動やクラス替えなど新しい環境に慣れるのに時間がかかる

新たな環境に飛び込んだとき、すぐに周囲に馴染み、初対面の人たちとにこやかに話せる人もいれば、気持ちが萎縮して、周囲の人たちとやりとりするときも緊張のあまりぎこちなくなってしまう人もいます。

後者がまさに内向型で、新しい環境に馴染むのに非常に時間がかかります。

新たな環境になかなか馴染めないもどかしさについて、つぎのように嘆く人がいます。

「就職したときもそうだったんですけど、人事異動で部署が変わるたびに、しばらくは緊張の毎日が続いて、気が休まりません。同時に異動してきた人は、部署の雰囲気にすぐに馴染み、みんなに溶け込んで親しげに話してるし、上司にも気軽に声をかけてるのに、私はどうしても遠慮してしまい、なかなか溶け込めません」

まさに内向型の典型的な悩みです。こうした傾向は、子どもの頃から一貫してみられたはずです。新たな部署になかなか溶け込めないという人は、学校時代もクラス替えのたびに自分の居場所を失ったかのような疎外感を覚えたのではないでしょうか。

隣の席の子は同じ年の子だし、緊張する必要などないと頭では思っても、どんなふうに声をかけたらよいのか、何を話せばよいのかわからず、躊躇してしまうため、なかなか親しくなれません。

自分が気に入った子に気軽に声をかけ、すぐに仲良くなる外向型の同級生を羨ましく思うとともに、気軽に声をかけられない自分を情けなく思うこともあったのではないでしょうか。

でも、そうした葛藤も、時間が解決してくれたはずです。新たな環境に適応するのに時間がかかるだけで、適応できないということではありません。新学期になると疎外感を覚える日が続いても、夏休みになる頃にはすっかり溶け込み、友だちもできていたのではないでしょうか。

じっくりと溶け込んでいくのが自分のペース。そう思えば、焦ることもなくなるでしょう。

対処……その不器用さこそが、生きるうえの強みになると自覚する

ただし、学校時代と違って、大人になると生活がかかってくるため、職場に馴染めなかったり、取引先の担当者の前でぎこちなくなったりすると、どうしても気になるものです。

実際、新たな環境にすぐに溶け込む外向型の方が、職場のネットワークが広がる

し、上司にも良い印象を与えがちです。

移動性の高い時代ですから、配置転換、転勤、転職、取引先の変更など、新たな場への適応を強いられることが多く、その都度内向型は苦労させられます。

ただし、学校時代に、新学期になるたびに疎外感を感じていてもいつの間にか居場所ができ友だちもできたように、時間がかかるもののいつの間にか職場にも溶け込んでいるものです。

はじめのうちはぎこちなくなるのも自分の個性。そう思って気長に構えることです。

変化に機敏に対応できないため、外向型に後れを取ることも当然あるでしょうけど、ぎこちなくても一所懸命仕事している者を冷たく見放す人はいないでしょうし、そこで見放すような人は、この先深くかかわる相手ではないでしょう。

適応の早さという点では外向型が圧倒的に有利ですが、外向型の適応力が調子の良さと受け取られ、警戒されることもあります。一方で、内向型のぎこちなさと控えめな態度が信頼につながることもあります。

営業の新規開拓などでは大きなハンディがあるかもしれませんが、長くつきあう取引先との関係づくりではむしろ有利な面もあります。

いずれにしても、時間がかかるのが自分のペースだと肝に銘じ、焦らないことです。調子よくすぐに適応できなくても、じっくりかかわる関係の中では、しっかりと信頼関係を築いていくことができます。そうした強みがあることも覚えておきましょう。

シーン3 ついつい対決的な姿勢を取ってしまう

適応に時間がかかる内向型には、周囲の状況が十分にのみ込めない限り、それに合わせられないといった特徴があります。

そのように納得しない限り積極的に同調できないという姿勢は、否定すべきものではけっしてないでしょう。同調圧力に屈して、何の疑問ももたずに周囲に合わせる風潮のある中、むしろ気骨を感じ、頼もしいくらいです。

そうはいっても職場が自分の居場所といった感じにならないと、どうにも居心地が悪くて困ります。

職場の人たちに対して、つい対決的な姿勢を取ってしまう。そんな自分に困っているという人がいます。

「僕は、争いごとが嫌いだし、周囲の人たちに早く溶け込みたいといつも思ってるんです。そうでないと気をつかうばかりで仕事に集中しにくいので。それなのに、なぜか周囲の人たちをみていると、あの仕事の仕方はいいかげんすぎないか、あのものの言い方はないんじゃないかって、ちょっとした欠点みたいなのが気になっちゃって。上司の態度にも不満を感じるし……これでは職場が居場所って感じにならないし、もっと気楽に生きられないかなって悩んでしまいます」

これも、まさに適応の遅い内向型にありがちな悩みです。内向型でも忍耐力があればよいのですが、忍耐力が乏しいと、自分の適応の遅さにいらつき、ライバルたちの軽薄とも思える適応の早さに焦りを感じます。それがともすると周囲の人たちを否定するような心理を生むことになります。

「欲求不満―攻撃仮説」という有名な心理学理論がありますが、**人は欲求不満に陥ると、やたら攻撃的になる**ものです。

この場合も、なかなか周囲に溶け込めないことによる苛立ち、それによって生じる欲求不満が、周囲に対する攻撃性を生んでいるのです。そして、自分は周囲に溶け込みたいのに、意に反して対決的な姿勢を取ってしまいます。

職場の雰囲気や同僚・上司を否定するような気持ちが湧いてくるのも、もとはと言えば、自分が周囲になかなか溶け込めないからなのです。

対処……自分の心の癖を冷静に見つめ、偏見を棚上げする

たとえば、部署の慣習になっている朝礼について、

「あんなもの、意味ないじゃないですか」

と批判的な口調で言う人もいましたが、職場のすべてを自分の思うように変えることなどできませんし、そんな必要もありません。人によって考え方も価値観もそれぞれ違います。どうでもいいことで争う必要はないでしょう。

そうした不満が込み上げてきたら、

「これは自分が周囲に溶け込めない苛立ちが転化した攻撃性かもしれない」

と思ってみればよいでしょう。そう思えば、あまり気にならなくなるものです。

自分の置かれた環境をホーム・グラウンド化するのに時間がかかる内向型は、家の中から小窓越しに外の世界を警戒心をもって眺めているようなところがあります。得体の知れないものに対して警戒心をもつのは、防衛本能に基づくもので、ごく自然な心の動きと言えます。

慣れ親しんでいないものに対する警戒心が人一倍強い内向型の場合、自分の中の不安が周囲の様子に投影され、周囲の人たちがとても手ごわい敵のように思えてしまうこともあります。

そんなときは、これも適応に時間がかかる自分の心の癖がもたらしたものだと自分に言い聞かせ、偏見を棚上げして、素直に周囲の人たちとかかわるように心がけましょう。

シーン

4

初対面の人に気をつかいすぎる

外向型の人は、刺激を求めるため、いろんな人と知り合いたい、話したいと思い、新たな出会いを積極的に求めます。一方で、内向型の人は、刺激を避けるため、馴染みの相手と話していたい、同じ相手と長く一緒にいたいと思います。

内向型の特徴として、馴染みのない状況に弱いということがありますが、そのひとつが初対面の人と会って話すという状況です。

よく耳にするのが、初対面の人と会うと異常に汗をかいて困るという訴えです。人間は、未知の対象に出会ったとき、身を守るために緊張します。汗をかくのは未知の状況に対する備えができたことの証拠です。べつに悪いことではありません。

でも、ちょっとした出会いのたびに、いちいち自己防衛的構えを取らなければならない自分に嫌気がさすこともあるでしょう。

周囲を見回すと、初対面からとても伸びやかに、開放的に振る舞っている人がやたら目につくのに、なぜ自分はいつも緊張しなければならないんだろう、損な性格だと思う。そんなふうに語る人もいます。

損な性格だと思うくらいならいいのですが、初対面の相手とのやりとりが多い部署に異動させられたりしたら、もう不安でたまりません。

「私は、仲の良い友だちとご飯に行くのが楽しみで、けっして人づきあいが苦手とか嫌いとかいうのではないんです。でも、よく知らない人とか、知ってはいても特別親しいわけでもない人と話すのが苦手なんです。ものすごく気をつかって疲れます。とくに初対面の人となると、何を話したらいいのか、どんな話し方をすればいいのか考え込んでしまい、ぎこちなくなり、なかなか言葉が出てきません。それなのに、営業に人事異動が決まったんです。こんな性格で営業が務まるのか、不安でいっぱいです」

そのような悩みを耳にすることも少なくありません。

対処……「実際以上によく思われる必要はない」と言い聞かせる

内向型の人は、人からどう思われるかを気にしすぎる傾向があります。

そこを少し変えればいいのです。自分をありのままにみてもらえばいい。そう思うだけでずいぶん気持ちが楽になるはずです。

実際以上によく思われる必要はありません。買いかぶられれば後が苦しいだけです。実際以上によく思われたところで、どうせいつかはボロが出ます。

なかなかボロが出ない場合も、偽りの見せかけを維持するために、余分なエネルギーを消費し続けなければなりません。

では、自分をよく見せる自己アピールをしないがために実際以下にみられ、見くびられたらどうしたらいいでしょうか。それはそれで仕方のないこと。ありのままの自分をぶつけて、それが正当に評価されないとしたら、相手はよほど見る目のない人物か、こちらと価値観がまったく違う人物か、そのどちらかでしょう。

いずれにしても、こちらが気にするほどの相手ではありません。住む世界が違う人たちによる評価で、気に病む必要はさらさらありません。

そうはいっても、どうしても人に気をつかってしまうのが内向型です。べつに人からの評価のためではなくても、つい気をつかってしまうのです。

たとえば、繊細な心づかいをする内向型は、買い物ひとつするにもひどく気をつかいます。買い物をして代金を払う。品物を包装紙で包んで手渡してくれる。それだけでも、自分のために手を煩わせてしまったという思いから、

「どうもすみません」

と頭を下げないわけにはいきません。商品の価格には販売のための人件費も含まれているのだから、店員が客にサービスするのは当たり前、などと突き放して考えることができません。

内向型には、人間関係を単なる役割関係と割り切れないところがあるのです。

引っ越しのときなども、引っ越しサービスの人に対して、人件費を払っているのだからと何も手伝わずにあれこれと横柄に指図ばかりする人もいますが、繊細な気づかいをする内向型は、自分だけ楽をするのは申し訳ないといった思いに駆られます。人間関係を金銭で割り切ることができないのです。

このような性格は、損かもしれないし、いろいろ気をつかって疲れるかもしれませんが、損得勘定で生きるのも寂しいものだし、なにも好んで無神経になる必要もないでしょう。

そうした姿勢が営業の場面でも評価され、顧客から信頼されるというのもよくあることです。調子よいおしゃべりはできなくても、内向型には別のやり方があるということを覚えておきましょう。

シーン
5
友だちづくりに時間がかかる

黙っていても、控えめにしていても、声をかけてもらえる、気づかってもらえるといった、日本に特有の甘えの心理を媒介とした人間関係の構築は、このところ急速に薄れつつあるようです。

自分から積極的にアピールするようにと言われる時代ゆえに、待っていてもなかなか友だちはできません。

友だちがなかなかできないという悩みを抱える人は、苦しい胸の内を語ります。

「職場ではだれとでもうまくかかわっているつもりなんですけど、帰りにどこかで食べようとか飲みに行こうといった話になると、つい逃げの姿勢を取り、ちょっと都合が悪いとか適当な理由をつけて断ってしまいます。そのため、周りの人たちは気軽に誘い合ってお昼を一緒に食べたり、連れ立って帰ったりしているのに、私はそういう相手ができません」

「だったらみんなで食べて帰るときや飲みに行くときにつきあえばいいじゃないかって思うかもしれませんけど、私はとくにおもしろい人間じゃないし、一緒にいてもつまらないと思われるんじゃないかって思うと、誘いに乗るのが怖くて……」

そこには、「見捨てられ不安」のようなものがあるのでしょう。

自分はどうせ一緒にいて楽しい人間じゃない。相手につまらない思いをさせるかもしれない。親しくなりかけると、そうした思いが頭をもたげてきます。距離が縮まり、しょっちゅう一緒にいるようになると、

「なんだ、一緒にいても全然楽しくない」

などと思われ、見捨てられてしまうかもしれない。そう思うとうっかり誘いに乗るわけにいかなくなってしまいます。

同様に、一緒にお昼食べたいな、帰りに一緒に寄り道したいなと思っても、自分はとくに一緒にいて楽しい人間じゃないから、誘っても断られるかもしれないといった思いが湧いてきて、誘うのを躊躇《ちゅうちょ》してしまいます。

対処
拒否されたとしても失うものはないと知る

内向型の人は、人づきあいが得意じゃないといった意識があるため、思い切って誘いに乗ったり、思い切って誘ったりした結果、得られるかもしれないものを夢見るより、うまくいかなかったときのことを考えてしまいます。そして、相手の期待を裏切ることへの恐れ、拒否されることへの恐れが頭をもたげてきます。

ここで一度、成功した場合に得られるであろうものと、失敗した場合に失うであろうものを検討してみましょう。そうすると、失敗によって失うものなど何もないことに気づくはずです。

失敗したときに失うものと言えば、対人関係能力に対する自信くらいです。でも、そんなものは元々もっていません。親しい人間関係も失うというかもしれませんが、誘いに乗らなかったり誘わなかったりしているうちは、そんな関係ももっていません。つまり、失うものは何もないのです。

反対に、もし思い切って誘いに乗ったり、誘ったりして、うまくいけば、親しい人間関係という貴重な財産が手に入ります。それに伴い、対人関係能力についても多少は自信がもてるようになります。

こんな割のいい賭けは滅多にないと思いますが、どうでしょうか。

シーン 6 人を惹きつける話し方ができない

みんなで話しているとき、いつも話の輪の中心となる人物がいるものです。話しぶりが人を惹きつけ、思わず笑いながら聞き入ってしまいます。

それに比べて自分は人を惹きつけるような話し方ができない。どうしたらあんなふうにおもしろいしゃべりができるようになるのだろう。そんな思いに苛まれることが多いという人は、心の中の葛藤をつぎのように語ります。

「人を惹きつけるような話し方でみんなを笑わせたり、楽しませたりして、話の輪の中心にいつもいる人っているじゃないですか。あとで振り返ると、とくにたいしたことは話してないんですけど、その場はものすごく盛り上がる。その人が話すと、どんなことでもおもしろおかしく聞こえて、みんな笑いながら聞き入ってしまうんです。それに比べて、私は口ベタで、おもしろおかしいしゃべり方なんてできません。それがものすごくコンプレックスになってるんです」

おもしろい話ができないことがコンプレックスになっている内向型は、おもしろおかしくしゃべれる人をみて羨ましくて仕方ありません。自分もあんなふうになれたらいいのにと思い、雑学本を読みあさったり、ジョークのネタを仕込んだりする人もいます。

話題を豊富にするためにいろんなことに関心を向けるというのはよいのですが、雑学本でネタを仕入れてそれを話すというのは、どうしても不自然さが伴います。元々関心のあることについて話す方が、とくにおもしろおかしく話せなくても、説得力があり、聞く人の気持ちに刺さるはずです。

それに、内向型で軽妙な話し方ができない人が、ジョークを交えた軽い話し方で人を惹きつけようというのは、ちょっと無理があるでしょう。

何とか軽妙な語り口をしようという努力は評価するとしても、それは似合いません。取って付けたようなジョークを口にされても滑稽な感じになり、素直に笑えません。借り物のセリフでウケを狙っても、上滑りするだけです。

内向型にはもっとふさわしい話し方があるはずです。小手先のテクニックに走るよりも、自分らしい話し方で勝負すべきではないでしょうか。

対処……「おもしろい人」より「ホッとできる人」を目指す

笑いを誘う軽妙な語り口もたしかに魅力的です。でも、朴訥《ぼくとつ》で誠実な話し方にも、また違った魅力があります。おもしろおかしいだけが魅力じゃありません。人をホッとさせる魅力というのもあります。

大雑把な言い方をすれば、おもしろおかしいしゃべりが魅力の人は、遊びの場で一緒にいて楽しい人、朴訥で誠実なしゃべり方が魅力の人は、一緒にいて安心でき信頼できる人という印象を与えやすいでしょう。

内向型が目指すべきは、どうみても後者でしょう。

軽妙なしゃべりで場を盛り上げる人は、口ベタな内向型からすれば羨ましいでしょうが、明るくて話し上手で、いつも話の輪の中心にいる人から、こんな悩みを聞かされたことがあります。

「私は話し上手な方だと思いますけど、そのせいで飲み会とかによく誘われます。でも、個人的に深くつきあう友だちがいません。いつもみんなが私に期待しているのは場の盛り上げ役。だからみんなではしゃぐときは呼ばれるんですけど、まじめにつきあう相手とみなされていないんです。最近そのことに気づいて、けっこう落ち込んでます。これまでは広く浅くつきあってきた感じですけど、どうしたら深いつきあいができるか、悩んでいることとかまじめな話もできる友だちができるか。それが今の私の課題なんです」

その人は、明るく楽しい人というだけでなく、とても聡明で、人生にも真剣に取り組んでいる人なのですが、明るくておもしろい人だというだけで軽薄にみられてしまう。まじめにつきあう相手とみなされない。サービス精神を発揮しすぎるせいで、どうも誤解されてしまうようです。

こうしてみると、**口ベタな内向型は、無理に話し上手になろうなどと思わずに、自**

分らしい魅力を発揮するように心がけるのがよいでしょう。
そこで大切なのが、話し上手でなく聞き上手を目指すことです。口ベタな人が話し上手になるのは非常に難しいですが、聞き上手なら十分なることができます。

シーン 7 ちょっとした雑談が苦手で間がもたない

内向型の特徴として、社交がどうにも苦手ということがあります。社交の場になると、何を話したらいいかわからず、ぎこちなくなってしまいます。

社交が得意な外向型からすれば、社交なんてどうってことのない話を適当にするだけなのに、何を難しく考えるのだろうと、不思議でなりません。

でも、社交の場が苦痛でならない内向型にとっては、「どうってことのない話を適当にする」ということこそが難題なのです。

そもそも内向型は、ちょっとした雑談が苦手なのです。

「懇親会っていうやつが、どうにも苦手なんです。いろんな人とつぎつぎに適当な雑談をして回るっていうのがダメなんです。つい特定の人と話し込んでしまい、気がつくと相手は他の人たちと話せずに困ってる様子で、慌てて失礼して別の話の輪に首を突っ込むわけですが、そのタイミングも難しいし、この人たちとは何を話せばいいんだろうと考え込んでしまい、めちゃくちゃ疲れます。知人の様子をうかがうと、つぎつぎに相手を変えて楽しげに話してます。終わってから話すと、いろんな人と知り合えてよかったと言います。私は、すぐにポツンとひとりぼっちになってしまい、どの場に入ろうかと戸惑うばかりで、瞬間的に楽しいことはあっても、疲れの方がはるかに大きい。だから、懇親会に出ると思うだけで気が重いので、どうしても出ないといけないとき以外は、できるだけ参加しないようにしています」

懇親会の場が苦痛でたまらないというのに対して、取引先とかとの社交話が苦手だという人もいます。

「私は、いわゆる社交話が苦手なんです。先輩は、何でもいいから雑談で間をつなぐんだと言うんですけど、何でもいいと言われるからよけい困るんです。一番困るのが、取引先に行ったときです。書類を見せながら説明したり、先方の質問や要望に応えたりするのはふつうにできるし、とくに苦手意識もありません。問題は、その前後なんです。いきなり本題に入るのも無粋だから、何か雑談をと思うんですけど、天気のことを言った後は何も思い浮かばなくて、何か言わなくちゃって焦るばかりで。本題の話が終わった後も、いきなり失礼しますというのも気が引けて、何か気の利いた雑談をと思うんですけど、頭の中真っ白で、言葉に詰まってしまい、ぎこちない感じで去ることになるんです。どうしたらいいでしょうか」

どうでしょう。思い当たることがありますか。

対処……雑談が苦手なことは気に病むほどの悩みではない

仕事上必要な話ができないというなら致命傷ですが、この2つの事例のように、内向型の悩みは、どうでもいい雑談ができないというところにあります。

雑談が思いつかず、どうにも間がもたないという感じになる。それが苦痛だし、どうしたらいいか困ってしまうのです。

でも、雑談はこちらが一方的に仕掛けるだけでなく、向こうから雑談をしてくることもあるはずです。向こうからしてこないということは、忙しくて早く本題に入りたい、早く切り上げたいと思っているのかもしれません。いずれにしても、苦手なのはどうでもいい雑談であって、必要な話はできるというなら、深刻に悩むこともないでしょう。

大切なのは、うまく社交ができないからといって、気にしすぎないことです。何か間をもたせる雑談ができればいいなと思うくらいにして、雑談ができないことを気に病まないことです。

どちらにせよ意味のない雑談をするのが社交なら、社交がうまくできなくても大きなダメージにはなりません。

「雑談が苦手なのかも」

「ちょっと不器用な人かも」

と思われるかもしれませんが、仕事に関する意味のある話がちゃんとできるなら、とくに支障はないはずです。むしろ、口数は少ないけど、信頼できるといった印象になるのではないでしょうか。

シーン

8 無理にはしゃいで自己嫌悪に陥ることがある

「隠れ内向」の特徴のところでも指摘したように、内向型の特徴として、飲み会などではしゃぎすぎて、帰り道に、

「今日はちょっとはしゃぎすぎたんじゃないか」

「みんな引いてたかもしれないな」

などと気になり、自己嫌悪に苛まれる、ということがあります。

その場その場にふさわしい振る舞い方がよくわからず、飲み会ははしゃぐ場だからと思い、ついやりすぎてしまうのです。

飲み会ではいつも場の盛り上げ役みたいな感じになっているけど、どうも周囲の人たちから呆れられているのを感じ、どう振る舞ったらいいか悩むことがあるという人もいます。

「私は、飲み会になるとなぜかノリが絶好調になり、はしゃぎまくって場の盛り上げ役みたいな感じになります。みんな大笑いで楽しくやっているんですけど、ときどきふと冷静になって周りをみると、呆れた表情でみられてる感じがすることがあって、自分は適切に振る舞えてるのか、気になってしまいます。今はまだ学生だから、多少場違いな行動を取ってもとくに支障はありませんけど、就職してから周囲が呆れるようなはしゃぎ方をしたら致命傷になるかもしれないと思うと、とても不安で、どうしたら場にふさわしい行動が取れるようになるんだろうと悩んでしまいます」

現在学生であるか社会人であるかは別として、似たような思いに駆られ、悩むことがある人は、けっして少なくないはずです。

対処……無理して場を盛り上げなくても、だれも不満に思わない

外向型の場合は、周囲に関心を向け、しっかりアンテナを周囲に向けて張り巡らしているため、その場その場にふさわしい振る舞い方を瞬時に察知し、適切に対応する

ことができます。

それに対して、内向型は自分の内面に関心を向け、自分の内側に向けてアンテナを張り巡らしているため、周囲の状況をうまくとらえることができません。そのため適切な振る舞い方がよくわからないのです。

そこで、面接の場や上司とか取引先担当者の前などでは、まじめにしないといけないと思うあまり、ガチガチに堅苦しい感じになってしまったり、コンパでは型を崩さないとと思うあまり、周囲が呆れるほどはしゃぎすぎてしまったり、といったことになりがちです。

外向型なら、面接の場や上司とか取引先担当者の前ではまじめに対応しつつも適度に柔らかい雰囲気も出せるし、飲み会などでは適度に型を崩すことができます。

もし自分が無理してはしゃいで後で自己嫌悪に陥るようなことがあるという場合は、このような内向型の特徴を踏まえて、**もう少し自分らしくしていてもいいんだと自分自身に言い聞かせる**ようにしましょう。

場を盛り上げようとすることも悪くありませんが、ちょっとやりすぎかなと感じることがあるのであれば、あまり無理せず、もう少し自然に振る舞うように心がけることです。

飲み会とかで、つまらなそうに仏頂面して黙っていたりすれば感じが悪いでしょうけど、穏やかな笑顔で聞き役に徹している人をみて、嫌な感じがすることはないはずです。内向型らしくおとなしくしていてもいい。そう思えば、少し楽になるのではないでしょうか。

シーン
9
集団行動が苦手でおっくう

自分自身への関心が強く、自分の内面に目を向けがちな内向型は、ともすると周囲に合わせることが疎かになりがちです。

自分らしさにこだわったり、自分がどうしたいかなど自分の思いを大事にしたりする結果、周りに合わせることを怠り、集団の中で浮いてしまうことになりがちです。

また、ごく自然に周囲に溶け込める外向型と違い、集団の中にいると絶えず周りの人に気をつかっていないといけないため、集団行動を避け、単独行動に走りがちです。集団の中では気をつかって疲れるので、単独行動の方がずっと気が楽だからです。

集団行動は疲れるという人は、その思いをつぎのように語ります。

「みんなけっこうノリが良くて、だれかが『カラオケ行こう』と言い出すと、即座に『カラオケ、いいね』『行こう、行こう』と同調するんですけど、私は『カラオケ行きたいかなあ』って自問自答するから、結果として同調するにしても、反応が遅れてしまいます。それで、『何考えてるの？　もちろん行くよね』とか言われてしまいます。みんなはなぜ考えないのか、不思議です」

「映画を観に行こうという話になったときも、だれかが話題の映画の名前を出すと、『それにしよう』とみんな即座に賛同します。私は流行に流されたり宣伝に乗せられたりするのは嫌だし、ちゃんと内容を確認しようと思って検索してると、『何やってるの？　今ヒット中っていうんだからいいじゃない』って言われてしまいます。映画観るならおもしろそうなものや感動しそうなものを観たいし、なんでみんなは何でもいいみたいに即座にノリよく同調できるのか、理解できません」

「だから、みんなと一緒にいるのは楽しいんですけど、自分を抑えないといけないし、けっこう疲れてしまうんです」

どうでしょうか。思い当たることがあるのではないでしょうか。

内向型は、自分自身が納得したい、納得できるような選択をしたいといった思いが強いため、無条件に同調しないと浮いてしまう感じがある集団行動が苦手なのです。

対処 自分の中で優先順位をはっきりさせておく

こんな内向型ですから、どうしても集団に溶け込みにくく、単独行動に走りがちです。その際、集団に「溶け込めない自分」を「溶け込まない自分」「流されない自分」と思い込もうとするところがあります。

協調性が乏しく、集団行動が苦手なところを自分の短所とみなし、何とか少しでも集団に溶け込めるようにしたいといった思いがありつつも、そこで開き直り、集団に安易に溶け込まない自分を誇りに思うような心理も働きます。その方が気持ちが楽になるからです。

集団の中に埋没し、自分でものを考えることを放棄するような人間にはなりたくない。しっかり自分の頭で考えて、自分の頭で判断し行動する人間でありたい。こういうと何だか立派な心がけのように聞こえますが、実際は周囲になかなか溶け込めない自分を正当化することで気楽になりたいという感じだったりします。

開き直ったり、自分を正当化したりするのではなく、自分の中の優先順位をはっきりさせておくのがよいでしょう。

たとえば、みんなで飲みに行った後にカラオケをするかもう一軒飲む店に行くかは、そんなに自分の思いにとらわれずにみんなに合わせてもいいし、みんなで何の映画を観に行くかでもみんなに合わせて話題の作品を観て、他に気になる作品があれば別の機会にひとりで観に行ってもいいでしょう。

でも、「来期のハードルが上がるからみんなで仕事のノルマをあまり越えないようにしよう」とか、「資格試験の日に駅で待ち合わせて一緒に会場に行こう」というようなことに関しては、自分の判断に従って断るということがあってもいいでしょう。

そういうのは好きじゃない、これだけは譲れないというようなことがあるのは悪いことではありません。でも、あまり小さなことにこだわる必要はないし、それを少し緩めるだけで無理なく集団行動を取れるようになります。

シーン

10 場の中心的存在になる外向的な人と比べ、自信をなくしがち

外向型のように人前で堂々と振る舞えないため、どうしても内向型は影が薄くなりがちです。

どんな場にもすぐに溶け込み、場の中心的存在になる外向型をみていると、その会話術、機敏さ、ユーモア感覚、行動力などに圧倒され、「それに比べて自分は……」という感じで劣等感を抱きがちです。

もちろん外向型のすべての人が抜群の社交力を備えているわけではありません。でも、比較対象となるのはどうしても周囲で目立っている人物になりがちです。目立つから気になってしまうわけです。そして、そのような人物は、外向型の中でもとくにユーモアたっぷりにしゃべりながら周囲を楽しませる会話術を身につけているものです。

こんなふうに嘆く人もいます。

「私の同僚に、めちゃくちゃ社交的で話し上手な人がいるんです。私は年が離れた先輩に対しては、失礼があってはいけないと思い、かなり気をつかって緊張しながら敬語で話すんですけど、その人は相手がかなり年上でもまったく気にならないみたいで、いつもリラックスしてて、年長の先輩や上司をからかったりもするんです。そんな言い方して大丈夫かなって思うんですけど、それが相手には心地よいみたいで、その人は上司や先輩から気安く声をかけられて、すごく仲がいい感じなんです。私はそんなふうに話せないし、これじゃあ差がつくばかりだなって落ち込みます」

対処……人と比べるのは自分が不安だからということをまず自覚する

そんな人と比べたりしたら自信がなくなるのがわかっているのに、なぜ比べてしまうのでしょうか。

それは、内向型は自分自身の内面についてはよく振り返っていても、他人のことがよくわからず、社会適応がスムーズにいかないことを自覚しており、自分は世間からちょっとずれているのではないかといった思いがあるからです。

不安だからこそ、他人のことが気になってしまう。その際、周囲で目立っている人物と比較することになります。目立っている人は、話術巧みに周囲の人たちを楽しませている外向型で、ことごとく自分とは正反対の態度・行動を示します。それで自信をなくす。そんな悪循環に陥りがちです。

人と比較してしまうのは、だれもがもつ習性だからやむを得ませんが、世間で目立つ外向型の人物と自分が違うからといって自分を否定するのはおかしいのではないでしょうか。**元々性格が違うのだから、態度や行動も違って当然**です。

そもそも、会話が巧みでなくても、上司の言葉や態度に機敏に対応できなくても、宴会で気の利いた芸のひとつもできなくても、根回しや駆け引きが苦手でも、そうしたことに大きな価値を置いていないからこそ、そうした能力をあえて磨いてこなかったのではないでしょうか。

だったら落ち込む必要はないはずです。自分が価値を置かない領域で他人より劣っているからといって、気にすることはありません。そんなことを気に病むよりも、この章で指摘してきた自分たち内向型の強みに目を向けるようにすべきです。だれとでも気安く話せるところに外向型の強みがあります。その親しみやすさが評価されるわけですが、内向型が同じ土俵で勝負してかなうわけがありません。

内向型は、調子よくしゃべれないし、口ベタで人前で緊張し、ぎこちなくなりがちですが、誠実さやていねいさを強みにすることができます。そこは周囲の人たちもわかってくれるはずです。

自分の強みに目を向け、意識するようにすれば、自信のなさに落ち込むこともなくなり、落ち着いて周囲の人たちとかかわっていけるようになるでしょう。

シーン 11 何でも心配しすぎる

自分を振り返る癖のある内向型は、過去の失敗についても反芻《はんすう》しがちです。失敗というほど大げさなことでなくても、思い出したとたんに「ギャッ!」と叫びたくなるようなミスのひとつやふたつはだれにでもあるでしょう。

そんなことを反芻するより、楽しい思い出に浸る方が幸せな気分になれるし、ずっといいじゃないか。どうしてわざわざそんなことを反芻したりするんだ。外向型ならそう思うはずです。

でも、そう気楽になれないのが内向型なのです。いくら損な性格だと思っても、それを捨てたら自分でなくなってしまいます。この世に生を受けて以来長年つきあってきたかわいい自分の性格にさよならを告げなくてはならない。それはあまりに寂しすぎます。

それに、よく考えれば、そんなに嫌な性格ではなく、良いところもたくさんあります。そこに自ら愛着を感じているはずです。

外向型は、現実にどっしりと根を下ろして生きているため、社会適応には苦労しないかもしれませんが、自分を振り返ることがあまりなく、周囲に合わせて動くため、いつの間にか自分らしさから遠ざかってしまう傾向があります。

内向型からみると、適応はものすごく良いけれども、調子よく周りに合わせている感じで、その人の内面生活がうかがえず、自分がないのではと疑いたくなる人がいるものです。実際、何らかの挫折を味わったときにはじめて、「自分がない」という過剰適応の病理に自身が陥っていることに気づく人もいます。

社会適応に苦労することはあっても、マイペースで自分が納得のいく日々を送れる方がずっといいと考える人もいるのではないでしょうか。

対処 「心配しすぎる」ことを強みに変える

もうひとつ、何でも心配しすぎる内向型の強みがあります。じつは、**心配しすぎるということが強み**なのです。

ここで考えてみたいのは、だれにも長所もあれば短所もあるのに、なぜ内向型は内省によって自分の短所ばかりを反芻し、自己嫌悪に陥ったりするのか、ということです。

自己嫌悪というと悪いことのように思われがちですが、心理学の研究によって、**自己嫌悪には向上心のあらわれとも言える側面がある**ことがわかっています。そこで私は、自己嫌悪は成長のバネになるとみなしています。

人を嫌な気分にさせる口癖や成長を妨げている怠け癖があるのに、自分の長所ばか

りを意識し、

「自分は素晴らしい人間だ」

「自分には何も問題はない。このままでいい」

と思っている人と、控えめで落ち着いた感じが好感を与え、地道に努力する姿を評価する声もあるのに、自分の足りない点にばかり目を向け、

「自分には積極性が足りない。もっと積極的にならないと」

「自分はまだまだ力不足だ。しっかり頑張って力をつけないと」

と思っている人。どちらがこの先、魅力的な人間に、あるいは仕事のできる人間になっていくことが期待できるでしょうか。

このようにみてくると、何でも心配しすぎる性格というのは、そう悪くない、むしろ強みでもあることがわかるでしょう。内向型は、現実に甘んじるよりも、「こうあるべき」にこだわるところがあります。そのため、社会や組織に不満をもったり、自分自身に不満をもったりします。現状を安易に肯定しないために苦しいわけですが、その向上心が自分の成長を導いてくれるのです。

さらには、何かにつけて、

「うまくいくだろうか」
「失敗したらどうしよう」
などと不安になり、心配しすぎることが、じつは失敗を防いでくれるといったこともあります。

これも心理学の実験で証明されています。

一連の実験を行った心理学者ノレムとキャンターは、「防衛的悲観主義」という概念を提唱し、**不安だからこそ不測の事態への対応力が高く、想定外のトラブルを回避できる**としています。これについては第6章の「不安の効用」の項で詳しく説明しましょう。

第6章

内向型の「強み」はこんなところに

内向型の弱点の裏側に強みが潜んでいる

第1章と第2章では、なぜ何でもないことで疲れてしまうのかについて、さまざまな事例をもとに考えてきました。

そして、このように感受性が強く、職場でも日頃の人づきあいでも気をつかって疲れてしまうのは、内向型だからかもしれないということがわかってきました。

そこで浮上したのが、私が「隠れ内向」と呼んでいる人たちの問題です。

スピードや効率性、コスパを重視する現代社会では、人に対して気をつかい、新たな場に慣れるのに時間がかかり、物事をじっくり考え、失敗してはいけないと慎重になり、仕事でも人づきあいでも誠実に対応しようとする内向型の行動パターンは、ネガティブな評価を受けがちです。

そのため、有能な人やモチベーションの高い人は、元々内向型であっても、外向型に傾いている現代社会に適応すべく、外向型のように積極的に、フットワーク軽く行動するようになります。でも、内向型の心理的特徴が遺伝的に身についているため、かなりの無理をしているはずで、そのストレスが相当かかっていると考えられます。

第3章では、そうした「隠れ内向」をめぐる問題について、具体的な事例をもとに解説しました。

第4章では、このところ話題になっているHSPと内向型がかなり重なる性質だということを示しました。繊細すぎるためちょっとしたことが気になり、疲れてしまうのです。

このようなHSP（アーロンによれば、人一倍敏感な人）にも内向型にも、遺伝要因がかなり絡んでいることがわかっています。

そして、第5章では、内向型にありがちな悩みとその対処法について解説しました。「隠れ内向」の人も、心の奥底には内向型の性質が眠っているので、こうした内向型特有の悩みに思い当たることがあるのではないでしょうか。

さて、そこで本章では、内向型の強みを活かすにはどうしたらよいかを考えてみたいと思います。

その際に目を向けてほしいのは、内向型の弱点の裏側に潜んでいる強みです。

私たちが元々もっている心の性質は、そう簡単に変えることはできません。最新の心理学の研究でも、性格には遺伝要因が強く関係していることがわかってきています。

そこで重要なのは、同じ素材でも、そのあらわれ方はさまざまだということです。内省する癖がある内向型は、ともすると自分の弱点にばかり目を向け、気持ちが萎縮し、自己嫌悪に苛まれがちですが、その背後に潜む強みを発見し、意識するようにしたいものです。

たとえば、神経過敏な性質は、ちょっとしたことを気に病むという弱点にもなるけれども、細かなことに注意が行き渡り不注意によるミスが少ないという強みにもなります。素材としての**基本的性質は変えられなくても、その強みに目を向けることで、気持ちが前向きになり、自信をもって行動できる**ようになります。

では、以下の各項で、内向型がよく意識しがちな弱点の背後に潜む強みについてみていきましょう。

よくしゃべる人に圧倒されない

内向型は、親しい友だちの前なら自由に振る舞うことができ、遠慮なく何でもしゃべれるものの、職場にいるとき、取引先や営業をかけている相手の前など、仕事上のつきあいの場では、気をつかい、自由に振る舞えなくなってしまいます。

「失礼になってはいけない」「押しつけがましい言い方にならないように気をつけなくちゃ」「良い印象を与えないと」などと思うと緊張し、なかなか言葉が出てきません。

そんな内向型からすると、どんな場でも緊張せずににこやかに話すことができ、言葉がつぎつぎに出てくる外向型が羨ましくて仕方ありません。どのような場でも饒舌に話すことができる人物に圧倒されがちです。

でも、そこで自分を否定しないようにしましょう。

楽しいしゃべりで場の雰囲気を盛り上げることができるのもひとつの貴重な能力で

すが、良い聞き手として相手が気持ちよく話せるようにするのも貴重な能力のひとつです。

饒舌にしゃべるのをただひたすら聞かされるのは、とても疲れるものです。一方的にしゃべりまくる人の相手をした後の疲労感は半端ではありません。

しゃべりに自信がない内向型は、よくしゃべる人に圧倒されがちですが、おしゃべりな人には軽薄な感じがつきまとうこともあります。自分の関心のあることばかりしゃべりまくる自己チューな感じの人もいます。あまりに饒舌なため、口から出任せに調子よいことを言っているのではないかと疑いたくなることもあります。

それに対して、こちらの話すことにじっくり耳を傾けてくれる人がいるとホッとします。人の話にじっと耳を傾けてくれるカウンセラーが必要とされるのも、多くの人が聞き手を求めているのに、身近に良い聞き手をもたない人が多いからと言えます。

お金を払ってでも話を聴いてほしい人がたくさんいる。だからカウンセラーが仕事として成立するのです。

饒舌《じょうぜつ》でなくても、口数が少なくても、相手の話に興味をもち、耳を傾けることができれば、その方が相手にとってははるかに魅力的なのです。

そうであるなら、内向型としては、話し上手でなく聞き上手を目指しましょう。話すのが苦手で、どうしても話すより聞く側になることが多い内向型は、良い聞き手になる素質をもっています。そこのところを意識するようにしましょう。

ひとつのことが頭から離れない

ひとつのことが気になると、それがずっと頭から離れず、なかなか気分転換ができないのが、内向型にみられがちな特徴です。

やらなければならないことがあると、そのことが頭から離れません。たとえば、来月重要なプレゼンをしなければならないとなると、まだ1カ月も先なのに、「うまくやらないと」「失敗したら大変だ」とプレッシャーがかかった状態がずっと続き、どうにも落ち着きません。

楽観的な人なら、まだ1カ月も先のことだと思えば気にならず、もっと近づいてから考えればいいと気楽に構え、当面はそんなことは忘れて、目の前のことを楽しむことができます。

そのように楽観的になれない内向型は、万一準備が間に合わなかったら大変だと思うと落ち着かず、何でも早め早めに準備に取りかかります。

本人としては、絶えずプレッシャーがかかった状態は苦しいので、直前までのんきにしていられる人が羨ましいかもしれませんが、そのように不安が強い性格のおかげで、失敗することが少なく、物事を着実に進めることができているのです。

不安になりがちな性格は、プレッシャーがかかって苦しいかもしれませんが、それが慎重さや着実な仕事ぶりにつながっているのです。

もちろん、仕事の難易度によっては、いくら着実に準備してもうまくいくとは限りません。でも、もし楽観的になり、気楽に構えていたとしたら、準備不足に陥り、もっと悲惨なことになっていたはずです。

このように不安になるからこそ失敗を防げている、うまくいっているといったことがあるのです。その不安からくる慎重さや用意周到さが上司や取引先からの信頼につながっていることもあります。

このように、何かと不安になってしまう内向型ですが、その不安癖を悲観することはありません。むしろ強みでもあるのです。

不安の効用

ここで、不安の効用について考えてみたいと思います。

何か思いがけない事態が生じると、想定外だったから仕方ないということになったりします。でも、ほんとうに想定外だから仕方がないのでしょうか。

ありとあらゆる可能性に想像力をめぐらし、起こり得るあらゆる事態を想定し、その対処法を考えておくことで、想定外の混乱や失敗を避けることができるはずです。

不安が強いほど、あらゆる事態を想定して準備するため、想定外のトラブルを減らすことができます。

たとえば、プレゼンをする場合も、うまくできなかったらどうしよう、時間配分を間違えたらどうしよう、答えられない質問が出たらどうしようなどと不安なため、プレゼン事項を何度もチェックし、時間配分を綿密に考え、何度もリハーサルをし、また発表する内容以外にも、その何倍もの資料を用意しておくという人もいます。

プレゼンが独りよがりにならないように、他部署の人にプレゼン資料をみせ、何かわかりにくい点はないか、疑問点はないかチェックしてもらうという人もいます。

商談に臨む際も、こちら側の売り込み材料をきちんと整理し、資料を用意しておくというのはだれもがすることですが、不安の強いタイプは、その不安を何とか払拭するため、向こうがどんな点にこだわる可能性があるか、どんな要求を突きつけてくる可能性があるか、どんなことを聞いてくる可能性があるかなど、ありとあらゆることが気になるため、さまざまな準備をすることになります。

取引先を訪問するに当たって、大事な書類を部下が忘れたら大変だと思い、念のため自分でもコピーを持参していったおかげで、部下がうっかり忘れてしまったときのフォローができたという人もいます。

万一人身事故などで電車が停まってしまい、先方との打ち合わせの時間に遅れるようなことになったら大変だと思い、念のためかなり早めの時間に着けるように余裕をもって出かけるようにしているため、多少の交通トラブルがあっても支障が生じることはないという人もいます。

打ち合わせ内容をうっかり忘れたら大変だと思い、どんな些細なことでもしっかりメモを取っておくという人もいます。

先方と「そんなことは言ってない」「こういうことだったはずだが」などといったトラブルにならないように、打ち合わせの後は必ず打ち合わせた事項を簡単にまとめた確認メールを出すようにしているという人もいます。

このように、**不安をうまく活かすことによって、想定外のトラブルを未然に防ぐ可能性を高めることができる**のです。

防衛的悲観主義のネガティブさを力に変える

不安になるのも悪くないということがわかったでしょう。不安だからこそ用意周到に準備でき、物事を着実に進めることができるのです。

このような心理メカニズムを考える際に参考になるのが、心理学者ノレムとキャンターが唱えた防衛的悲観主義という概念です。

ノレムとキャンターは、過去のパフォーマンスについての認知と将来のパフォーマンスに対する期待を組み合わせて、楽観主義・悲観主義に関する4つのタイプに分けています。ここでは、そのうちの非現実的楽観主義と防衛的悲観主義について説明しましょう。

非現実的楽観主義とは、これまで実績がないのに、将来のパフォーマンスに対してはポジティブな期待をもつ心理傾向を指します。

防衛的悲観主義とは、これまで実績があるにもかかわらず、将来のパフォーマンスに対してはネガティブな期待をもつ心理傾向を指します。

実際に成果を出していないにもかかわらず、自分はできると楽観視する非現実的楽観主義は、ポジティブなのですが、じつは適応的ではありません。

たとえば、いくら注意したりアドバイスしたりしても、その内容が染み込まず行動に反映されない人がいます。

「わかりました」

「わかってます」

などと言うものの、懲りずに同じような行動パターンを取り、似たようなミスを繰り返します。ポジティブすぎることによって、慎重さが足りないのです。

一方、実際はちゃんと成果を出しているのに、今度もうまくいくとは限らないと不安になる防衛的悲観主義は、ネガティブですが適応的と言えます。

防衛的悲観主義者は成績が良いことは、多くの研究により証明されています。悲観的だからこそ慎重になり、用意周到に準備します。不安が強く、楽観的になれないことが、高いパフォーマンスにつながっているのです。

ポジティブになればいいといった感じのポジティブ信仰が広まり、周囲に「ポジティブすぎて残念な人」が目立つ現在の状況を考えると、ポジティブの効用にばかりとらわれずに、防衛的悲観主義の心理メカニズムにみられるような不安になることの効用にもっと目を向けるべきなのではないでしょうか。

それはまさに内向型の不安の強さに通じるものと言えます。

内省癖は向上心の強さにつながる

外の世界に目を向ける習性のある外向型は、自分の言動を振り返ってうじうじ思い悩むことはありませんが、自分の内面に目を向ける習性がある内向型は、ずいぶん前のことや一瞬前のことを振り返っては、

「あれはまずかったかも」

「嫌な感じを与えたかもしれない」

「気分を害さなかったかな」

「ちゃんとわかってもらえたかな。もう少していねいに説明すべきだったかも」

「あの言い方はよくなかったかもしれない」

「見捨てられちゃうんじゃないか」

などと自分の言動をめぐってあれこれ反省しがちです。

何かと気になってしまう内向型は、そんなふうにクヨクヨ考える自分に嫌気がさし、いちいち自分を振り返ってクヨクヨしたりせず、外に向けてどっしり構える外向型が羨ましく、あんなふうになれたらなあと思ったりしがちです。

でも、よく考えてみてください。その内省癖がなかったら、自分の言動の不適切な点や誤解を与えやすい点を修正していくことができません。

自分の言動を振り返っては、

「あれでよかったのか」

「もっと相手の気持ちに配慮すべきだったんじゃないか」

「説明の仕方をもっと工夫すべきだったかも」

「もっといろんなデータを示した方がよかったのでは」

など内省する癖がある方が、今後に向けて行動の修正をすることができるでしょう。

そうした内省癖によって、より相手の気持ちに配慮した対応ができるようになったり、仕事の質を高めたりすることができます。

そういった内省癖を捨てて、

「これで大丈夫」

と楽観し、現状を肯定するばかりでは進歩がありません。

内省し、あれこれ思い悩むのも、「もっと自分を向上させたい」「より相手を満足させたい」「もっと説得力のある説明ができるようになりたい」「より仕事の質を高めたい」といった向上心のあらわれとみなすことができます。

何かと気になり、反省し、クヨクヨ考えてしまうのは、苦しいし大変かもしれませんが、それこそが内向型の強みにもなっているということを覚えておきましょう。

内向型独特のこだわりは発想力につながる

周囲に調子よく合わせるのが苦手な内向型は、自分の気持ちに正直に行動しようといったところがあります。そのため、これだけは譲れないというこだわりをもっています。

その独特なこだわりが、周囲に安易に合わせない、流行やみんなの動向に流されないといった姿勢を生み、それがときに適応の邪魔をし、生きづらさにつながります。

世の中の動きや周囲の人たちの動向に迎合的な外向型と違って、何かにつけて批判的な目を向ける内向型は、世の中の動きに対して批判的だったり、みんなの動向に疑問を抱いたりしがちです。

そうした批判的精神をもつ内向型のこだわりのひとつが、見せかけを重視する最近の風潮に対する反発です。

今では企業研修のみならず、学校教育でもプレゼンテーションのスキルを学んだりするようになっています。でも、こだわりのある内向型は、プレゼンテーションのスキルをいくら身につけたところで中身が伴わなければ意味がないと思い、見せかけばかりを重視する風潮に抵抗があります。

そうした風潮のために、中身がスカスカなのに、パワーポイントや動画を駆使し、堂々としたしゃべり方で、

「どうだ、うまく見せることができたでしょ」

と言わんばかりの得意げな笑顔を見せる人物が目立つことに、嫌悪感を抱いていたりします。

見せかけにだまされる人なら、見せ方ばかり工夫して、堂々とした話し方をする人をみて、素直に圧倒され、すごいなあと思うのでしょうけど、中身にこだわる内向型は、そこに胡散《うさん》臭さや軽薄さを感じ取ってしまいます。

内向型は、見せかけばかりを取り繕って得意になっている人物をみて、

「もっと中身を工夫すべきなんじゃないか」

と思ってしまいます。

こだわりのある内向型は、そんな薄っぺらい自信をもつような人間にはなりたくな

いといった思いが強く、見せ方を工夫する前に中身を充実させたいと思います。

表面上の見せかけばかりを追求する人物からすれば、ただの不器用にしかみえないでしょうが、こうしたこだわりのおかげで、地味ながら着実に知識を吸収し、発想を練り、思考力を磨いて、力をつけていくことができます。

知識偏重からの脱却とか、思考力重視とか言われますが、知識が豊富なほど根拠に裏付けられた発想がつぎつぎに湧いてきます。さまざまな知識が蓄積され、異質な知識が結びつくことで、思いがけない発想が湧いてきます。

中身を充実させることにこだわり、発信よりも吸収に力点を置く内向型は、その意味では発想力を磨く道をひたすら歩んでいるとも言えるのです。

現実に甘んじない理想主義的傾向

自分の内面への関心が強い内向型は、自分の価値観に対するこだわりが強く、これだけは譲れないといった頑固さがあります。それが社会適応への障害になることがあります。

元々どんな人間にも、「こうありたい」「こうあるべき」といった理想像があるものです。でも、現実は非常に厳しく、理想的な生き方などなかなかできるものではありません。

現実を生きれば、さまざまな矛盾にぶつかります。正直者が損をすることもあれば、強者が弱者をねじ伏せることもあります。人格的価値よりも経済的価値を追求する人たちが巷《ちまた》にあふれ、そのような人たちが社会的成功者と讃えられる風潮さえみられます。

そんな現実に直面して、外向型なら、とりあえずそうした現実に溶け込もうとします。企業のあり方に、自分の職務に、会社員人生に、疑問をもってもしようがない。現実を生きることが大切だ。そんな感じになります。

そして、現実に対して批判的な目を向けるよりも、世の中こんなものと達観し、そこでうまく泳いでいくことを考えます。社会や組織への疑問は一切棚上げし、忠実に職務をこなし、有能な人材として認められるように動きます。現状を受容し、そこで自分を最大限活かそうとします。

それに対して、内向型は、現実をそのまま容認することができません。内向型にとって大切なのは、目の前の現実ではなく、心の中の理想です。だから現実の矛盾に目をつぶることができないのです。

外向型は、「現実はどうなのか」を観察し、どうしたらそこに適応できるかを考えます。一方、内向型の頭の中にあるのは、「現実はどうなのか」ということではなく「現実はどうあるべきか」であり、それに照らして現状を変えていこうとします。

周囲にほぼ無条件に溶け込む外向型と比べて、社会適応が悪くなるのも当然と言えます。

理想からかけ離れているのは、社会や組織ばかりではありません。その中を生きる自分自身さえ、理想とはかけ離れた姿をさらしがちです。そのため内向型は、世直し意識や自己変革の意識に悩まされることになりがちです。

疑問をもち続ける姿勢を強みにする

世の中の人の役に立てるような仕事をしたいと思って就職したのに、いざ働き出したら、上司や先輩の指示や考え方に賛同しがたい点が目立つようになり苦悩するというのも、珍しいことではありません。

たとえば、利潤追求のため、消費者をけっしてだますわけではないものの、不必要なものを買いたい気持ちにさせるマーケティング戦略の工夫をするように言われ、

「これが人の役に立つ仕事であるわけがない」

といった思いが込み上げてきて、自分の中で折り合いをつけるのに苦しんでいるという人もいます。

商品が長持ちするとそれ以上売れなくなるため、適度に壊れやすいものをつくる現場を目の当たりにして、

「こんなの詐欺みたいなものじゃないか」

と疑問が出てきて、先輩に話したら、

「何言ってるんだ。企業は利潤を追求しないと存続できない。慈善事業じゃないんだ」

と説教されたという人もいます。

そんなとき、適応の良い外向型なら、

「上からの指示なら仕方ない」

「会社員なんだから組織の方針には逆らえない」

「たしかに営利企業なんだから、慈善事業みたいにいくわけがない」

などと自分自身を納得させ、目の前の現実を受け入れ、組織で与えられた役割に徹することができます。

ところが、どうしても自分の中の理想にこだわってしまう内向型は、組織の論理に無条件に従う気にはなれず、こちらを説得しようとして上司や先輩が口にする意見に対しても反論したくなってしまいます。

実際には反論せず、組織の論理に何とか従おうとしても、心の中で、

「これでいいんだろうか？」

「本来の自分からどんどん遠ざかってしまう」

といった心の声が聞こえてきて、心穏やかではいられません。

それは苦しいかもしれませんが、そうした姿勢はけっして否定すべきものではないでしょう。それに、そうした姿勢を取る人物がいることは、組織にとっても有益です。

イエスマンばかりの組織は、遠からず衰退したり破綻したりするのが常です。異質な意見も汲み上げる度量のある組織こそが生き残ることができます。その意味では、

組織の論理を無条件に受け入れることができず、疑問をもち続ける内向型は、組織に貢献しているとも言えます。

ただし、注意しなければならないのは、あからさまに組織の論理に逆らうようなことはしないということです。そんなことをしたら、居場所をなくすことになりかねません。大事なのは、形の上では仕方なく従いながらも、いつか組織が自分に追いついてくると信じて、悩む姿勢は捨てないことです。

もうひとつ、気をつけなければならないのは、理想を追求するあまり、他人にも非寛容になりがちなところです。現実に生きる人間は、だれもが完璧ではあり得ません。弱い面、至らない面をもつのは当然です。自分自身を振り返れば、すぐにわかるはずです。

人それぞれに事情があります。それに、人によって顔かたちが違うように、胸に秘めている自分や社会の理想像も違って当然です。自分の思い通りに動くのも、自分が思うように動かす権利をもつのも、自分だけです。せっかく持ち合わせている理想を追求する向上心を空回りさせないためにも、社会や他人を批判したり、対決しようとしたりするよりも、自分自身の成長を目指すのがよいでしょう。

表面的なかかわりより深いかかわりに向いている

みんなでワイワイにぎやかにしゃべるのも楽しいものですが、内向型の場合、そうした空騒ぎに虚しさを感じることもあります。

瞬間的に楽しいのは事実でも、そればかりだと何だか物足りない、冗談や世間話だけでなく、もっと気持ちのふれあいのあるかかわりをもちたいといった思いが頭をもたげてきます。

社交の場が苦手だというのは、内向型に非常に多い悩みです。

「私は、どうしても社交の場が苦手で、パーティとか懇親会のようなものは、職務上必要なものは仕方なく出ますが、苦痛でたまりません。こんな性格でこの先やっていけるのか不安です」

このように言う人もいますが、パーティ、飲み会、懇親会、親睦会など、大勢の人が歓談する場に出かけるのが苦痛だという人は、けっして少なくありません。

大勢の人が集まる場では、初対面の人やそれほど親しくない人と話さねばならず、相手の関心を探りつつ話すことになり、非常に気をつかいます。

それで内向型は疲れてしまうわけですが、それに加えて、みんなが参加できる話題を持ち出す必要があるため、話題が表面的なものに限られるということがあります。それが内向型には物足りないのです。

外向型なら、話題に意味があるかどうかに関係なく、いろんな人たちとの言葉のやりとりそのものを楽しむことができますが、内向型の場合、

「こんなことばかりしゃべっていても意味がないし」

「何だか時間の無駄だなあ」

「もっとホンネを話せるつきあいをしたいのに」

といった思いに駆られてしまいます。

このような内向型は、見方を変えれば、意味のある深い人間関係を手に入れる可能性が高いと言えます。

第5章で、とても社交的で飲み会などでの花形的存在の人が、自分は飲み会要員みたいな感じで、場の盛り上げ役として声がかかるけど、個人的につきあう相手とみな

されず、深い話ができる相手がいないという悩みを抱えている事例を紹介しました。

それとは逆に、内向型の場合は、社交話が苦手で、みんなでワイワイやる場では影が薄くても、個人的に深くつきあう相手としては悪くありません。パーティや飲み会で、つい特定の相手と話し込んでしまう内向型は、特定の相手とじっくりかかわるのに向いていると言えるでしょう。

今の時代、多くの人間関係があるけれども、どれも表面的なかかわりばかりで、ほんとうに気になることを話せる相手がいなくて、深い孤独を味わっている人がたくさんいます。だからこそ、カウンセラーに頼るしかない。そんな孤独な社会です。

そんな時代だからこそ、言葉の巧みさはなくても、人の話にじっくり耳を傾け、ホンネを吐露する人物は、相手の気持ちをホッとさせるはずです。

人の心の痛みや弱さへの共感性の高さ

社交家は、みんなの場を和ませ、場を盛り上げますが、やや無神経なところが感じられることがあります。

一方、いろいろなことが気になってしまう内向型は、
「こんなことを言ったら傷つけるかも」
「コンプレックスに触れちゃったかな」
「うっかりしたことを言って誤解されるといけないから、言い方に気をつけないと」
などと相手の反応を非常に気にするため、人の気持ちに配慮することができ、人間関係でつまずくことは少ないと言えます。

遺伝的に内向型は不安が強いことを示す研究結果が出ていることはすでに紹介しましたが、対人不安の強い人は共感能力が高いということも実証されています。

対人不安というのは、うまくしゃべれるか、わかってもらえるか、どう思われるか、どのように評価されるかなどといった対人関係にまつわる不安のことです。

このような対人不安が強いほど、相手の心理状態に用心深く注意を払うことになるため、相手の気持ちに対する共感性が高くなるのでしょう。

それに対して、対人不安があまりない場合は、相手の心理状態に用心深く注意を払うということになりにくいため、相手がどう受け止めるか、どんな気持ちになるかといったことをあまり気にせずに、思うことをストレートにぶつけがちです。

そのため、ときに無神経なことを言ってしまい、相手の気分を害したり、傷つけた

りして、人間関係をこじらせてしまうことがあります。

さらには、何か悩んでいることがあり、だれかに話したいというとき、楽観的であっけらかんとした人物より、何か悩みがちで思いを共有できる人物に話そうと思うでしょう。根っから明るく、気持ちが内向することがないような人物に、悩みを打ち明け、相談しようという気にはなりにくいものです。

仕事上でも、プライベートでも、何か気になることがあったり、悩むことがあったりするときは、自分の内面に目が向きます。それは、まさに内向型の心の構えです。

内向型は、普段から自分の内面に目を向け、自分の弱点や至らない点を見つけてはクヨクヨ悩みがちです。そうした経験は、人の気持ちを理解する際に生きてきます。

自分の気持ちがよく揺れ動くため、人の心の揺れにも敏感で、内向する人の気持ちに寄り添うことができ、共感的に対処できます。

そのような意味で、内向型は、人の心の痛みや弱さに共感でき、人と深い心の交流をもつことができるのです。

課題に没頭できる集中力も強みに

社交好きな人は、みんなが集まる場が大好きなので、何か集まりがあると聞けば参加したがり、どうしても人づきあいに多くの時間を費やしがちです。

そのため家でひとりで机に向かう時間がもてず、自己啓発のための時間をなかなか確保できません。

内向型は、雑談を苦にしないどころか、心から楽しんでいる様子の社交家を羨ましいと言いますが、そのマイナス面にあまり目を向けないようです。

学校時代を思い出してみましょう。雑談好きでおしゃべりばかりしている同級生が、休み時間だけでなく授業中までしょっちゅうおしゃべりをしては先生から叱られるということがあったはずです。

そういう社交好きなタイプは、絶えずしゃべっていないと気がすまず、おとなしく課題に没頭することができません。そのために勉強でなかなか成果を出すことができません。

周りの人たちと無駄話をするのが苦手な内向型は、おしゃべりに巻き込まれることなく課題に集中することができます。

　最近は、アクティブラーニングが学校教育に取り入れられ、やたらグループで話し合うことが多いようですが、雑談が大好きな人物がいると、話がどんどん横道にそれていき、楽しいけれども実りのない授業時間が過ぎていくことになりがちです。

　就職してからも同じです。社交好きな人物は、無駄なおしゃべりが多く、周りの人たちとのおしゃべりについ夢中になり、課題遂行が疎《おろそ》かになることもあるでしょう。会議などでも、無駄話をして時間をつぶすことになりがちです。

　一方で、意味のある時間を過ごしたい内向型は、早く会議を終えて自分の仕事に取りかかりたいと思いながら、こんな意味のない話がいつまで続くのだとイライラします。

無意味な会議に我慢できず、目を通さないといけない資料類を読んだり、会議後のさらなる資料収集の段取りを考えたり、アイデアを練ったりといった「内職」をしながら、会議時間を少しでも意味のあるものにしようとする人もいます。

社交好きにもメリット・デメリットがあるように、社交が苦手なことによるメリットもあるのです。

雑談が苦手ということの中には、おしゃべりに巻き込まれずに課題に没頭できるといったメリットが含まれます。

社交好きの人は絶えずいろんな人と会って話したがりますが、社交が苦手な内向型は、ひとりで調べ物をしたり考えたりすることを好みます。その方が気楽なのです。

雑談が苦手なおかげで、超然として周囲の人たちとの間に壁を築き、作業に没頭したり、自分の世界に入ってじっくり考えたりすることができます。

周囲の人たちと雑談ができないことを気に病むのでなく、周囲の人たちの雑談に巻き込まれずに課題に集中できると思えばいいでしょう。

このように自分の弱点の裏側に潜む長所に目を向けることで、萎縮せずに前向きにやっていけるはずです。

世間に溶け込みにくいから、独自の発想ができる

周囲に溶け込みにくい自分を意識する内向型は、世間との間に違和感を抱きがちです。

すぐに周囲に溶け込み、どんな場でも自由に振る舞える人物をみて、羨ましく思うこともあるものの、自分はあんなふうに周囲に迎合したくないといった反発を感じることもあるはずです。

ある意味、適応の悪い自分を弁護すべく開き直っているとも言えますが、周囲に流されたくないといった反骨精神のようなものを抱えがちです。

そんな思いを語る人がいます。

「私、流行っているものはダメなんです。ファッション雑誌とかに出てる、今流行の服装をしたり、バッグをもったりしてる人っているじゃないですか。あれ、きっとかっこいいって思ってるんですよね。で、流行に乗っていない人をダサイって思ったり

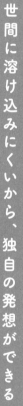

してるんですよね、きっと。でも、私は、マーケティング戦略に乗せられてる人こそダサイなって思って、その軽薄さに呆れるし、自分がないのかよ、って言いたくなっちゃうんです」

流行に飛びつく人は「自分がない」「踊らされてるだけ」と感じ、流行にあえて乗らない。たしかに流行に乗るということは、「みんなと一緒がいい」と思っているということでもあり、「みんながもってるから自分ももちたい」「流行っているから自分も着たい」というのでは、自分らしさが感じられません。

自分らしさへのこだわりが強い内向型は、「みんなと一緒」とか「流行っている」ということに魅力を感じることができません。

このように内向型は、適応の悪さゆえに、周囲に流されず、自分を保とうという姿勢を取ることができているとみることもできます。

周囲の人の一部が出世にとらわれ、上司におべっかをつかったり、陰で悪口を言いながらも目の前にいるときは持ち上げたりしているのをみるにつけ、そうした器用さを持ち合わせない内向型は、そのような人たちに嫌悪感を抱きがちです。そして、「なんでそこまでして出世したいんだろう。組織から評価されるってことは、組織にとって便利な人物ってことだし、いいようにつかわれ、自分の時間が奪われていくのに。それじゃ、自分の人生を生きられなくなっちゃう」

などと、出世そのものに否定的になります。

このように世間に溶け込みにくい内向型は、世俗的なものの価値を否定しがちです。そのおかげで、自分の時間を思い切り生きることができるのです。

組織の論理に振り回されて忙しく動き回る人や人づきあいに忙しい人たちと違って、自分の時間をもち、音楽を聴きながら自分の世界に浸ったり、本を読みながら過去を回想したり、山歩きをしながら空想にふけったりすることで、俗世間から距離を置くことができます。

それが常識にとらわれない独自の発想につながっていきます。適応が良ければいいというものではなく、周囲に溶け込みにくい性質が独自の発想につながる。そのことを覚えておきたいものです。

意外にも人とかかわる仕事に向く

社交性が乏しく、初対面の人やよく知らない人を相手にすると、非常に緊張し、気をつかう内向型は、自分は人とかかわる仕事に向いていないと思いがちです。

実際、そのような相談も多く、つぎのように言う人もいます。

「私は、とても内気な性格で、人と話すとき、とても緊張します。とっさに言葉が出ないことも多く、困ってしまいます。何か言った後、もう少し気の利いたことが言えないものかと、自己嫌悪したり。友だちにとても社交的な子がいて、バイト先でもよく知らないお客さんとも親しげに言葉を交わすのをみて、自分にはとても無理だなって思います。だから、私は人と接する仕事は向かないなって思うんです。デスクワークがいいかなって……」

社交性が乏しい内向型は、接客で気をつかうのは疲れるので、調べ物をしたり、資料に目を通しながら図表を作成したり、企画を練ったりといったデスクワークの方が気が楽でいいと思うものです。

実際、周囲の人たちに巻き込まれにくいため、そうしたデスクワークに没頭しやすいといったこともあるでしょう。

ただし、人と接する仕事に向いていないというのは誤解です。疲れるのはたしかでしょうけど、向いていないというわけではありません。

自分が他の人と接するときのことを想像してみましょう。にこやかな表情で、親しげに話しかけてくる店員をみて、「感じいい」と思うのは事実でしょう。でも、口ベタで、調子の良い言葉は出てこないけど、一所懸命に言葉を探しながら説明しようとする店員に嫌な感じはしないはずです。

むしろ、調子の良い言葉がポンポン出てくる店員よりも、いちいち考えながら話す不器用な店員の方が、信用できると感じることもあるはずです。

あまり調子の良い感じだと、

「この友好的雰囲気の中、だまされるんじゃないか」

「何でも売れればいいって、適当なことを言ってるんじゃないか」

と疑いたくなることもあります。

その意味では、口ベタで調子の良い言葉が出てきにくい内向型は、客や取引先から警戒されることがなく、かえって信頼を得やすいと言えます。

さらに言えば、

「こんなことを言ったら失礼かも」

「傷つけるようなことを言ったら大変」

「反感をもたれないように、言い方に気をつけなくちゃ」

などと相手の反応を想像して気をつかう内向型は、相手の気持ちに配慮した応対ができるため、好感のもてる接し方になるはずです。

また、口ベタな内向型は、どうしても聞き役に回ることが多いものですが、相手にとっては、よくしゃべる人物よりも、こっちの話にじっくり耳を傾けてくれる人物の方がありがたいし、一緒にいて心地よいものです。

このように、**社交性に自信のない内向型は、人と接すると本人は気疲れしますが、相手にとっては心地よい存在だったりする**のです。そうした強みも意識しておきましょう。

もし内向型がリーダーになったら

控えめな内向型は、リーダーというと、人前で臆することなく堂々としゃべり、だれとでも遠慮なくつきあうことができる、いかにも社交的な人物を思い浮かべ、自分はリーダーには向かないと思いがちです。

もちろん、そのようなリーダーもいますが、**必ずしもリーダーは外向型の人物であるわけではありません**。寡黙なリーダーもいるし、人前で話すのが苦手なリーダーもいます。大事なのは、リーダーに求められる機能を担うことができるかどうかです。

リーダーシップの心理学では、リーダーが担うべき機能として、**目標達成機能と集団維持機能の2つ**が必要だとされています。

目標達成機能とは、集団の目標達成や課題解決に向けてメンバーを促す機能を指します。

具体的には、目標を達成するための緻密な計画を立てること、状況を冷静に分析すること、問題が生じたときには問題点を明確化し対処法を指示すること、情報源やアドバイザーとしての役割を果たすべく専門的知識の獲得や技能の習得に励むこと、各メンバーの成果をきちんと把握し正当に評価すること、などがあげられます。

これらは社交性とはまったく無関係です。むしろ、物事をじっくり考えたり、知識の吸収に励んだり、緻密な計画を立てたりするのは、デスクワークを好み、不安が強く用意周到に準備しないと落ち着かない内向型にとって、まさに得意領域と言ってもよいでしょう。

集団維持機能とは、集団としてのまとまりを促す機能を指します。

具体的には、メンバー同士の交流を促し友好的な雰囲気の醸成に努めること、メンバーひとりひとりの意見を尊重すること、メンバーひとりひとりの気持ちに配慮して不平・不満に耳を傾けること、悩みや迷いを抱えるメンバーの相談に乗ること、などがあげられます。

これらも、人の気持ちや立場に配慮するため強引になれない内向型にとって、まさに得意領域と言えます。

こうしてみると、リーダーというのは、けっして強引で堂々としているのがよいわけではないということがわかるでしょう。

何かと不安になりがちなため、慎重かつ緻密に物事を考え、用意周到に準備し、人の気持ちに配慮できる内向型だからこそ、リーダーシップの2大要素である目標達成機能と集団維持機能を、ともにしっかり担うことができるとも言えるのです。

内向型リーダーとしては、そうした自分の強みを踏まえておき、自分の特性を活かすようにすべきでしょう。そうすれば良いリーダーになれるはずです。

まだリーダーになっていない人も、このような内向型リーダーの強みを知れば、リーダーになるのを恐れ尻込みする必要がないことがわかるでしょう。

在宅勤務は内向型に有利

新型コロナウイルスの感染拡大により、在宅勤務を採用する組織が増えています。通勤しなくていいということになり、ラッシュアワーの通勤列車に毎朝乗り込む過酷な生活から解放されたり、通勤時間もいらなくなって朝早く起きないですむようになったりと、多くのメリットを享受できると思われた在宅勤務ですが、意外にもかえってストレスを抱え込む人たちが多いようです。

モチベーションが高い人の場合、職場が自宅ということになると、仕事と私生活の切り替えが難しくなり、つい働きすぎてしまうという問題もありますが、人とのかかわりの面でのストレスも大きいようです。

仕事絡みで人とのかかわりの面でのストレスと言えば、これまでは職場や取引先との面倒な人間関係の問題が中心でしたが、在宅勤務になってからは、つぎのようなものがあげられます。

●これまでのように職場の仲間とのおしゃべりでストレスを発散することができない

●昼食もひとりで黙って食べるしかない

●休み時間にだべったり、廊下ですれ違いざまにちょっと声をかけ合ったりといったこともない

●これまでのように悩みや迷いをだれかに相談するということができず、ひとりで抱え込んでしまう

●通勤帰りに仲間との食事会や飲み会でストレスを発散することができない

●通勤帰りのスポーツジム通いも趣味の会・勉強会通いも一切ない

●一日中だれともおしゃべりをしない生活が続く

これまでは毎朝職場に行けば、いろんな人と挨拶がてら言葉を交わすし、仕事しながらちょっとした雑談をすることもあったでしょうし、昼休みは昼食を一緒に食べながらおしゃべりすることもあったはずです。

職場に行けば仲間がいる。そんな感じがあったのに、在宅勤務が長く続き、朝から

晩までひとりっきりで仕事をする毎日になり、だれとも雑談をしない日が延々と続く。それは、人づきあいの世界を生きてきた社交的な人にとっては、どうにも耐えがたいことに違いありません。

でも、人づきあいに気をつかいすぎて疲れてしまう内向型にとっては、在宅勤務になって家でひとりで過ごすことは、とくに苦痛ではないはずです。

むしろ、職場にいるときのように周囲の人たちとのちょっとした雑談に気をつかう必要がなく、帰りに誘われ無理につきあうこともないので、かえって気が楽とも言えるでしょう。

周囲の人たちとのやりとりに心のエネルギーを費やすことがないので、課題そのものに集中することができます。

このように考えると、過酷な通勤電車からも苦手な人間関係からも解放される在宅勤務は、内向型にとっては歓迎すべき就業形態と言えるかもしれません。

ただし、あまり孤立するのは精神衛生上よくありません。適度に自己開示し合える親密な人間関係も必要です。また、無理をして人づきあいをがんばってこなしてきた「隠れ内向」の場合、何となく物足りなく感じるかもしれません。

その意味では、家族と暮らしている場合は家族と率直に語り合える関係づくりをすることが大切です。ひとり暮らしの場合は、親しい友人と個人的に会って話せればいいのですが、それが難しい場合には、電話やオンラインで話したりする機会をもつようにしましょう。

第7章

「振り回される自分」からの脱却

あなたを苦しめるその癖が、じつは内向型の強み

これまで書いたとおり、内向型は、内省癖があるため、

「なんであんなことを言っちゃったんだろう」

「なんでもっと気の利いたことが言えなかったんだろう」

「どうして咄嗟《とっさ》に言葉が出ないんだろう」

「あの人みたいにもっと気軽になれたらいいのに」

「なんで余計なことばかり気にしちゃうんだろう」

「どうしてすぐに緊張しちゃうんだろう」

などと、自分の言動を振り返っては、反省したり、人を羨んだり、自己嫌悪に陥ったりしがちです。でも、

「なんであんなことを言ってしまったんだろう。きっと嫌な思いをさせてしまった」

と後悔し、自責の念に駆られる感受性があるからこそ、行動を改善し、人を傷つけないような応対ができるようになるのです。あまり自分を振り返らず、反省したり自

己嫌悪に陥ったりしない性格だったら、平気で人を傷つけるようなことを言ってしまうかもしれません。

このように、あなたを苦しめる内省癖こそが、じつは内向型の強みでもあることに気づけば、気持ちがずいぶん違ってくるはずです。

この他にも、前章でみてきたように、内向型の短所の裏には長所が潜んでいます。そうした内向型の強みに目を向けるようにしましょう。

内向型の自分の強みを自覚していることで、いろんなことを気に病んでしまう自分を肯定することができ、気持ちが萎縮せずに前向きに日々を過ごすことができるはずです。

周囲に合わせるのが苦手なのは自分があるから

内向型が初対面の相手やよく知らない人と話すのが苦手なのは、適応能力の欠如からくるもので、内向型には社会適応が苦手な人が多いと言われます。内向型の人自身、そう思っていることが多いはずです。

たしかに適応能力が高く、周囲にすぐに溶け込むことができる外向型は、だれとでもすぐに仲良くなり、はじめて会う人たちばかりの場にもすぐに馴染むことができます。

でも、そんな外向型の人たちが抱えがちな問題として、過剰適応の病理がありま す。いわゆる「自分がない」という問題です。

周囲に合わせているばかりなため、自分の心の声に耳を傾け、それを汲み上げるということが疎かになり、いつの間にか「自分らしさ」「自分の納得のいく人生」といったものから遠ざかってしまうのです。

そのため、外向型には、そつなく周囲に合わせることができ、とても適応が良いものの、その人らしさを漂わす個性があまり感じられない人がいるものです。

それに比べ、内向型が周囲に合わせるのが苦手で、適応がスムーズにいかないのは、自分らしさへのこだわりがあるからと言えます。とくに「隠れ内向」の場合は、無理しながらも適応を心がけているので、極端に不適応になることはありません。

周囲に溶け込みにくいといった自分の性質に悩まされることがあるものの、その分、自分らしさを大切にする人生を歩んでいるとも言えます。

適応に苦しむからこそ新たな価値を創造できる

社会適応が良いということは、既存の体制に組み込まれやすいことを意味します。ゆえに、社会適応の良い人物は、たいてい一定の行動や思考のパターンを身につけていきます。

適応が良いというのは、与えられた社会的役割にふさわしく振る舞うことができるということだからです。周囲の意向を巧みに取り込み、それに沿った行動ができますが、ある意味では規格にはまっていくことでもあります。

それに対して、社会適応がスムーズにいきにくい内向型は、自分の世界を大切にする傾向があります。それが適応の妨げになっているのです。

何事に関してもまず疑問を突きつけ、自分自身の判断を重んじるため、どうしても社会適応に支障が生じがちです。組織の側からしても使いにくい人物ということになります。

そこで失格の烙印《らくいん》を押されることもあるでしょうし、自分でも不適応人間と自嘲気味に言ったりする人もいます。

　でも、カメレオンのように状況に合わせて自分の色を素早く変える外向型ばかりでは、組織は硬直化してしまうでしょう。モノや情報が満ち溢れ、人々はたいていのモノやコトに飽き飽きし、何事も付加価値的なアイデアがないと勝負にならない今日、当たり前のような流れに待ったをかけ、新たな見方、新たな価値を提起する人物が求められます。

　そうなると、単に適応の良い外向型よりも、非能率なところがあったり、自分の趣味や価値観にこだわる頑固なところがあったりしても、独自な世界をもつ内向型の方が力を発揮する可能性があります。

　企業戦士、会社人間、画一性、大量生産といったものから、人間らしい生活、ゆとり、遊び心、私生活領域の充実、個性、多品種少量生産、ほんもの志向といった価値観の転換は、まさに内向型の時代の到来を暗示しています。

　その意味でも、内向型であることを恥じることなく、自信をもって誇示していいでしょう。

不安が強いのは自分の強みと自覚する

不安の効用について思い出してください。忘れてしまった人は、第6章の「不安の効用」という項目を読み返してみてください。

不安というと、良くないこととみなされ、それがない方がいいと思われがちです。ところが、心理学の多くの実験により、勉強や仕事ができる人には不安が強い人が多いことがわかっています。

たとえば、不安が強いために、いくら準備しても不安が消えず、しつこく勉強するために試験で良い成績を取ることができるのです。仕事でも、不安が強く、万一失敗したら大変だと思い、用意周到に準備するため、質の高い仕事ができるのです。

ポジティブであるのが良いことで、不安はない方がいいといった発想のもと、ポジティブ思考を吹き込むと、それまでうまくいっていたパフォーマンスが低下し、勉強でも仕事でも支障が生じがちになることが、心理学の実験で証明されています。好成績の背後には、不安の強さがあったのです。

人と接する際にも、不安が強い場合は、失礼がないように、嫌な印象を与えないようにと、非常に気をつかうため、対人関係上のトラブルが少ないこともわかっています。

いろいろ気をつかって疲れてしまう内向型に対して、気にしないようにといったアドバイスが与えられることがありますが、何と言われようが気にするのが内向型なのです。そして、気にすることのメリットもたくさんあるのです。

不安の効用をきちんと自覚しておくことが大切です。内向型に特有の不安の強さは、けっして短所ではなく長所にもなっているのだということに目を向けたいものです。

相手の対人不安を和らげることをまず考える

内向型の特徴として、対人不安が強く、人とかかわる際に気をつかいすぎて緊張するということがあります。

とくに親しいというわけではない相手だったり、初対面の相手だったりすると、

「どんな人なんだろう」
「うまくしゃべれるかな」
「良い印象をもってもらえるかな」
「退屈させないかな」
「どんなことに興味があるんだろう」
「話がつまらないと思われたら嫌だな」

などといった思いが浮かび、会う前から気疲れしてしまいます。

でも、私たち日本人は、神への信仰というより、人とか世間とかいうものをもとに自己形成してきました。つまり、人にみられて恥ずかしくないような人間にならなければと自己形成してきているため、ほとんどの人が対人不安を抱えているのです。

私が日頃から相手にしているようなごくふつうの学生でも、大部分が対人不安を抱えているため、対人不安についての授業になると、まるで自分のことを言われているみたいだといって、他のテーマのときよりはるかに強い興味を示します。

そこからわかるのは、自分が感じているのと同じような対人不安を相手も感じていることが多いということです。つい自分の思いにばかり目が行きがちですが、相手も同じく不安なのです。

ゆえに、自分の対人不安を意識するのではなく、相手の対人不安を和らげてあげることを意識するようにしましょう。

相手が真剣に自分の話に耳を傾けてくれたり、共感的な反応をしてくれたりすると、対人不安が和らぎ、気持ちが落ち着くものです。それは相手も同じです。

そこで大切なのは、相手の話に関心を向け、じっと耳を傾け、似たような経験があればそれを話すことです。

そうしているうちに、気持ちが萎縮せずに落ち着いて人と接することができるようになるはずです。

無理に社交家を目指さなくていい

人間という言葉が「人の間」となっているように、私たちは人との間を生きています。ゆえに、人とのかかわりの世界を生きているのであって、人とのかかわりが豊かなら人生も豊かと言えます。

だからといって、多くの人とかかわるのがいいというわけではありません。重要なのは、かかわりの量ではなく質です。

ひと口に社交的な人といっても、羨むべきは、交際範囲が広いだけでなく、親密な絆にも恵まれている人です。でも実際は、世間話を交わす程度の表面的なかかわりばかりの人が多いようです。

一見華やかな社交家は、交換した名刺の数を誇り、仕事上のネットワークが豊富で、社内外の集まりに好んで出かけていきます。その種の人たちの主な関心は、相手の内面生活も含めた人柄ではなく、職業上の役割や有用性・有能性です。

いわば情報交換のネットワークを求めているのであって、必ずしも親交を求めているわけではありません。幅広いネットワークを維持するのに忙しくて、ひとつひとつの絆をじっくりと太らせる余裕を失いがちです。

内向型は、社交的な人に圧倒され、自分の社交性の乏しさを嘆きがちです。たしかに適度な社交は自分の世界を広げてくれます。でも、社交が苦手なら、無理に広げるよりも質を高めることに注力すべきでしょう。

社交が苦手な人は、自分は口ベタだからダメなんだというようなことをよく口にします。

でも、口ベタでおもしろおかしく話すことができないからといって、その人をバカにしたり、低く評価したりするような人はいないはずです。もしそういう人なら、無理につきあう必要のない人と言えます。それが早くわかっただけマシと思えばいいでしょう。

適度に社交ができれば、それに越したことはありません。でも、社交がどうしても苦手なら、無理をして社交家を目指す必要はさらさらありません。

なぜなら社交には無駄も多いからです。人づきあいの範囲が広がることで、お互いにとって意味のある人間関係が得られる可能性もあります。でも、社交には、その場は楽しく過ごしても、ただの時間つぶしにしかならないものも少なくありません。

社交は人脈をつくるために不可欠だという人もいますが、ちょっとした雑談をしたことがあるくらいの相手が、いざというとき助けてあげようなどと動いてくれるでしょうか。実際、ほとんどの人脈はまったく意味がありません。

それに、人脈のために関係を維持しているなんて、利害で結びつく政治家のようで、ものすごく虚しい感じがしないでしょうか。

社交が苦手な内向型は、そうした無意味なかかわりに時間を浪費せずにすみます。**社交よりも心を砕くべきは親交**です。心を開き合い、好意と信頼で結ばれた関係です。

社交家の意外な孤独についてはすでに指摘しましたが、楽しくはしゃぐような関係は気晴らしにはなりますが、それがいくらあっても、しんみり語り合うような関係がないと、いざ何か悩んだり迷ったりしたときに、話せる相手がいないといったことにもなりかねません。それこそ深刻な孤独と言わざるを得ません。

ゆえに、社交家である必要はないし、多くのつながりをもとうと無理する必要もありません。大切なのは、少なくともひとりは親しく交わえる友だちをもつことです。

広く浅くかかわるよりも、狭くても深くかかわることを好む内向型は、その点に関してはむしろ有利と言えます。

心を開き合える相手をもつ

私は自己開示をひとつの専門として研究をしてきましたが、論文を書いていた当時は、専門家の間でも自己開示なんて知らないと言われたり、わけのわからない概念を持ち出すなと言われたりしたものです。

それが今では、ビジネス誌にまでよく出てくるようになりました。自己開示という

言葉がここまで広まったのは、率直に心を開く場がなかなかないことを意味しているのではないでしょうか。

私が大学院生として臨床心理学の勉強をしていた頃は、孤独なアメリカ社会ではカウンセリングが流行っているけれども、日本にはカウンセリングは必要ないし流行らないだろうなどと言われていました。でも、今では日本でもカウンセリングは大流行りです。それだけ日本も孤独な社会になったということでしょう。カウンセラー以外に自己開示できる相手がいない。それほど寂しいことはありません。

自己開示の心理学の創始者であるジュラードは、ひとりでも自己開示できる相手をもつことが心の健康に至る王道だと言っています。

その後、多くの心理学の研究により、自己開示には健康増進効果があることが実証されています。

話し上手で、いつも話の輪の中心にいて、みんなを笑わせ楽しませていても、なかなかホンネをあらわさず、得体の知れない人物というのがいるものです。

社交家で、おもしろおかしくしゃべるのは得意なのだけど、個人的に深い話をする雰囲気になりにくい。そのような人は、常に多くの人に囲まれて賑やかに過ごしていても、じつは心の中では孤独を痛感していたりします。

そこで大事なのは、交際範囲を無理に広げようとせずに、数は少なくても自己開示し合える親しい関係を築くことです。それなら内向型でも無理なくできるでしょう。

思うことを何でも遠慮なく話せ、悩んだり迷ったりするときに率直に話せる相手、こちらの話にじっくり耳を傾けてくれる相手をもつことで、心の健康が保たれるだけでなく、人生を前向きに歩むことができます。

そのような相手を手に入れるためにも、相手の話にじっくり耳を傾けるようにしましょう。

さらに言えば、自己開示をするには勇気がいります。

「共感してもらえるだろうか」

「そんなことを考えてるなんておかしいんじゃないって思われないだろうか」

「率直に話しても引かれたら傷つくし」

などと相手の反応が気になり、なかなかホンネを出せないという人も少なくありません。

でも実際は、思い切って自己開示すれば、相手は信頼や好意を感じ、共感的に聴いてくれるものだし、自分も自己開示しようと思うものです。

万一、否定的な反応が返ってきたら、それ以上深まる関係ではないことがわかります。

思い切って自己開示することで、この先自己開示し合える関係が手に入ったり、逆に深い関係にはならない相手がわかったりするわけです。その意味でも、思い切って自己開示する勇気をもちたいものです。

外向型の特徴を知ればイライラせずにすむ

内向型と外向型では、感受性も人とのかかわり方もまったく違います。そこで、お互いに相手に対して、

「なんでそうなんだ！」

「おかしいんじゃないか！」

などとイライラしがちです。

たとえば、あれこれ気づかいするあまり人づきあいに疲れてしまう内向型は、人の気持ちをあまり配慮する繊細さがなく、はっきりものを言う外向型に対して、

「なんてがさつなんだ」

「無神経すぎる」

とイライラしがちです。

じっくり考えてから反応する内向型は、自分でしっかり受け止めたりじっくり考えたりすることなく、空気を読んで素早くみんなに合わせるばかりの外向型に対して、

「調子が良すぎる」

「軽薄すぎる」

などとイライラしがちです。

自分なりの「こうあるべき」へのこだわりの強い内向型は、目の前の現実を受け入れるばかりで、「こうあるべき」といった自分なりの理想に縛られることなく現実に適応している外向型に対して、

「安易すぎる」

「迎合《げいごう》しすぎる」

などとイライラしがちです。

内向型と外向型は、お互いに相手が自分とは異質なだけに、わけがわからずイライラするものです。でも、それこそが性格の違いであり、そこには遺伝要因も深く関係しているということがわかれば、

「性格が違う。つまり心の動きの法則が違うのだから仕方ない」

と軽く受け流すことができるでしょう。

先にあげたような違いがあり、それが性格の違いなのだということを前提にすれば、わけのわからない相手に対しても寛容になることができるはずです。

ありのままの自分を知ってもらえばいい

内向型は、何かにつけて外向型の人物と自分を比較しては自信をなくし、自己嫌悪に陥りがちです。でも、そのように内省したり、自己批判したりするのも内向型の特徴であり、その内省癖にもメリットがあることがわかったと思います。

周囲に合わせるのが苦手で、なかなか場に溶け込めなかったり、組織への適応がス

ムーズにいかなかったりするのも、自分がしっかりあるからで、そうした生きづらさが自分らしさを大事にする生き方につながっていることもわかったでしょう。

内向型は、何かと不安になりがちですが、不安が強いからこそ、勉強でも仕事でもしっかり準備して成果を出すことができやすいし、人の気分を害したり傷つけたりしないように細心の注意を払うことで人間関係のトラブルを避けられるということもわかったでしょう。

口ベタで、よく知らない人と話す際に緊張しがちな内向型は、社交家になり得ないものの、その代わり特定の親しい人と何でも話せる深い関係を築くのに向いているということもわかったはずです。

ついつい自分の短所ばかり気にして気持ちが萎縮しがちな内向型ですが、このように一見短所に思われがちな性質の裏側にある長所に目を向ければ、内向型であることに決して引け目を感じる必要はなく、むしろ恵まれているようにも思えてくるのではないでしょうか。

ゆえに、自分を無理に飾ろうとせず、実際以上に見せようなどとせずに、ありのままの自分をみてもらえばいいと、ある意味、開き直るのがいいでしょう。そう思うことで、人づきあいはかなり楽になるはずです。

組織との自立した関係を模索しよう

自分はどうも組織の中でうまくやっていけるタイプではない。そのような自覚をもつ内向型が多いと思います。

たしかに場に溶け込むのがスムーズにいかない内向型は、組織への適応に苦しむことが多いでしょう。だからといって、「自分は落ちこぼれだ」「ダメ人間だ」などと思う必要はありません。

組織の中でうまくやっていけるタイプではないと思うなら、組織と一定の距離を置いてかかわる方向を模索するのがよいでしょう。

ただし、組織と一定の距離を置いてつきあうなら、こちらがしっかりと自立した姿勢をもたなければなりません。

会社は、こちらの労働の対価として給料を払い、生活の安定を保証してくれます。それればかりか、毎日自分の通うべき場所がある、自分の果たすべき役割があるといった形で精神的安定まで与えてくれます。

それだけの恩恵があるなら、毎日過酷な通勤電車で通ったり、ときに残業で遅くなったりして、私生活を楽しむ時間が大きく制約を受けるのもやむを得ないでしょう。仕事の内容にしても、会社側の都合に大きく制約されるのも当然と言えます。

それが嫌なら組織を離れるしかありません。その場合は、収入の安定や通う場所があることによる心の安定を捨てる覚悟が求められます。

そうしたことを理解したうえで、組織とのうまいかかわり方を模索する必要があります。

ある意味で、ギブ・アンド・テイク式の割り切った考え方も必要です。平日の昼間の時間を心身の安定のために会社に売っていると思えば、やりたい仕事じゃないといった不満を抑えることができるでしょう。そして、夜や休日を自分の好きな仕事や趣味に思い切り費やすという姿勢で会社とかかわるのもひとつの方法です。

ある程度の収入を確保しつつ、あとは自分のために時間をつかうというのは、非常に贅沢な生き方とも言えるでしょう。

ほんとうにやりたいことというのは、なかなかお金にならないものです。生活のため、経済力確保のために断念したけど、ほんとうはこれをやりたかったというようなものはないでしょうか。それを本業としてではなく、遊びとしてやってみるのもいいでしょう。

そう考えれば、つきあいをよくして社内ネットワークを広げたり、調子よく上役に取り入ったりするのが苦手な内向型としても、何とか組織の中でやっていけそうな気になれるのではないでしょうか。

内向型は、上司や先輩と調子よくつきあえる人物を羨ましく思うかもしれませんが、昇進にこだわって調子よく立ち回る人物は、組織の都合に振り回され、自分の時間を生きることができにくいものです。それで便利な人材として登用されたとしても、上司が代わったり組織の力学が変わったりすれば、何の特技も実力もない無用者と化すのがオチです。

組織内で出世することで自分の好きなことができるようになると思ったら大間違いです。ますます組織の論理に縛られ、そのシナリオの上を忙しく駆け巡るしかありません。組織を動かすとか人を動かすということにあまり関心のない内向型にとって、そんな窮屈な生き方はまったく魅力がないはずです。かえって虚しさに苛まれるのではないでしょうか。

それに対して、与えられた職務をこなすだけでなく、日頃から自分なりに専門的知識を深めたり、技術を磨いたりといった努力を自発的にしている人物は、上役による評価に関係なく、着実に力をつけていきます。

これからは個人の実力が問われる厳しい社会になっていくと考えられますが、そうなると社内に広いネットワークをもち、社内の人間模様に詳しいだけの単なる政治屋や口先だけのお調子者の活躍の場は失われていくでしょう。それは社内遊泳術が苦手な内向型にとっては、むしろ有利な動きと言えます。

本来の自分に戻る時空をもつ

ここまで内向型の生きづらさをどうしたら解消できるか、軽減できるかについて解説してきましたが、日頃疲れを強く感じている人には「隠れ内向」が多いはずです。本来は内向型なのに、今の社会が外向型に有利なため、成育過程でいつの間にか外向型であるかのように振る舞うようになっているのです。

そのような生き方は、相当に無理をしているので、ストレスが溜まります。

そこで大切なのは、**本来の自分に戻れる時間や空間をもつこと**です。だれにも気をつかう必要のない時空をもつのです。

絶えず人と接していると、内向型は疲れてしまいます。

たとえば、昼休みにいつもだれかと一緒だと疲れてしまうという場合は、ときどきひとりで昼を食べに出るようにするのもいいでしょう。周囲に人がいても、まったくかかわる必要のない人たちなら、気をつかうことなく自然体で過ごすことができるので、ひとりでいるのと同じ開放感があります。

仕事から帰った後には、だれにも気をつかうことのない時間をもつようにしましょう。


その際、心から楽しめる趣味があれば最高です。読書、絵画、音楽、切手や古地図等の収集、陶芸、写真、山歩きなど、候補はいくらでもあります。

もし趣味と言えるものがないようなら、少しでも興味をそそるものに片っ端から手をつけてみるのもいいでしょう。長続きするか、ものになるか、何かのためになるか、などと考えないことです。飽きたらまた別のことをすればいいと気軽に構えましょう。

何かの役に立つかどうかでなく、それをしているときのワクワク感や時を忘れるほどの没頭がストレス解消になるのです。

休日にひとりで出かけるのもいいでしょう。

もちろん、気をつかう必要がない友人や配偶者などと一緒でもかまいません。遠慮なく自己開示し合える相手は、ストレス源にならないばかりか、ストレス解消の助けになります。当然、そのような相手の前なら本来の自分を出すことができます。

おわりに

いかがでしたか。日頃感じる疲れやモヤモヤする気持ちがいったい何なのか、見当がついたのではないでしょうか。ちょっとしたことで疲れてしまう自分をもてあましている人も、その具体的な理由がわかったと思います。

プロローグでも指摘したように、内向型の人は、子どもの頃から生きづらさを感じがちです。どんな相手にも平気で話しかける外向型の子は、すぐに友だちができるし、先生からも気に入られます。でも、内向型の子は、自分から声をかけるのを躊躇してしまい、友だちにも気をつかい、先生にもなかなか馴染めません。そこで、有能でモチベーションの高い内向型の子は、これではいけないと思い、無理をして外向型のような行動パターンを身につけていきます。

そして、いつの間にか意識せずに外向型のように振る舞うようになり、本人も自分が内向型だったことを忘れてしまいます。私は、それを「隠れ内向」と名づけました。

「隠れ内向」の人は、本人は意識していませんが、どこかで無理をして外向型のように振る舞っているため、じつは大きなストレスにさらされており、なんとなく疲れるといったことになりがちです。でも、その疲れが何によるものなのかがわからず、モヤモヤした気持ちになっているものです。

そこで本書では、そのような「隠れ内向」の人たちに向けて、日頃何となく疲れるのはなぜなのか、その背景にはどのような心理メカニズムが働いているのか、その疲れを軽減もしくは解消するにはどうしたらよいのかを解き明かすことにしました。

内向型にありがちな悩みとその対処法についても具体的に示しましたが、それはもちろん「隠れ内向」にもそのままあてはまります。

外向型が得をする時代ゆえに、どうしても内向型のもつ価値が見逃されがちですが、内向型にもさまざまな強みがあります。内向型のもつ強みについても具体的に示したのでわかっていただけたと思いますが、自分の強みをぜひ自覚するようにしてください。これまで弱みにしか思えなかった自分の性質が、じつは強みにもなるのだと知ることで、気持ちが萎縮することなく前向きになれるはずです。

最後に、「隠れ内向」についての話をした際に、そういう人はたくさんいそうだから、そのような人の助けになる企画をしましょうと賛同いただいた、日経ＢＰ日本経済新聞出版本部の長澤香絵さんに心から感謝するとともに、本書が「隠れ内向」の人たちの助けになることを切に願っています。

２０２１年９月

榎本 博明

榎本博明（えのもと・ひろあき）

心理学博士。1955年東京生まれ。東京大学教育心理学科卒。東芝市場調査課勤務の後、東京都立大学大学院心理学専攻博士課程中退。川村短期大学講師、カリフォルニア大学客員研究員、大阪大学大学院助教授等を経て、現在MP人間科学研究所代表。著書に『伸びる子どもは○○がすごい』『読書する子は○○がすごい』『「上から目線」の構造』『ビジネス心理学大全』『「対人不安」って何だろう?』『「さみしさ」の力』等。

何でもないことで心が疲れる人のための本

「隠れ内向」とつきあう心理学

2021年10月15日　1版1刷

著者	榎本博明
発行者	白石賢
発行	日経BP 日本経済新聞出版本部
発売	日経BPマーケティング 〒105－8308 東京都港区虎ノ門4－3－12
装丁	小口翔平＋阿部早紀子＋畑中茜（tobufune）
イラスト	かりた
組版	マーリンクレイン
印刷・製本	三松堂

©Hiroaki Enomoto,2021

ISBN978-4-532-17711-9 Printed in Japan

本書の無断複写・複製（コピー等）は著作権上の例外を除き、禁じられています。

購入者以外の第三者による電子データ化および電子書籍化は、私的使用を含め一切認められておりません。本書籍に関するお問い合わせ、ご連絡は下記にて承ります。

https://nkbp.jp/booksQA